그렇다면,
칸트를
추천합니다

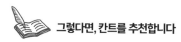

그렇다면, 칸트를 추천합니다

1판 1쇄 찍은날 | 2017년 8월 2일 **1판 2쇄 펴낸날** | 2020년 9월 18일
지은이 | 미코시바 요시유키 **옮긴이** | 김지윤 **본문 일러스트** | 뿜작가

펴낸이 | 정종호 **펴낸곳** | (주)청어람미디어
책임편집 | 윤정원 **디자인** | 이원우 **마케팅** | 황효선 **제작·관리** | 정수진
인쇄·제본 | 서정바인텍

등록 | 1998년 12월 8일 제22-1469호
주소 | 03908 서울시 마포구 월드컵북로 375, 402
전화 | 02-3143-4006~8 **팩스** | 02-3143-4003 **이메일** | chungaram@naver.com
블로그 | www.chungarammedia.com
ISBN 979-11-5871-049-1 03100

잘못된 책은 구입하신 서점에서 바꾸어 드립니다. 값은 뒤표지에 있습니다.

JIBUN DE KANGAERU UUKI
Text by Yoshiyuki Mikoshiba ⓒ 2015 by Yoshiyuki Mikoshiba
First published 2015 by Iwanami Shoten, Publishers, Tokyo
This Korean edition published 2017 by Chung A Ram Media Co., Seoul
by arrangement with the proprietor c/o Iwanami Shoten, Publishers, Tokyo

이 도서의 국립중앙도서관 출판시도서목록(CIP)은 e-CIP 홈페이지(http://www.nl.go.kr/ecip)와 국가자료공동목
록시스템(http://www.nl.go.kr/kolisnet)에서 이용하실 수 있습니다.
(CIP제어번호 : CIP2017017179)

청어람e)) 는 **청어람미디어**의 청소년 지식·교양 전문 브랜드입니다.

그렇다면,
칸트를
추천합니다

지은이 | **미코시바 요시유키**

옮긴이 | **김지윤**

청어람 e))

'진짜 어른'이 되기 위하여

'진짜 어른'이 된다는 것

여러분은 빨리 어른이 되고 싶나요, 아니면 계속 십대로 남고 싶나요? 어느 쪽을 선택하든 시간이 흐르면 누구나 어른이 될 것입니다. 그런데 어른이 된다는 것은 어떤 걸까요? 스무 살이 넘기만 하면 무조건 어른인 걸까요? 우리는 가끔 진짜 어른, 참된 어른이라는 말을 씁니다. 그러면 가짜 어른도 있다는 것이겠죠? 진짜 어른, 가짜 어른이 있다면 우리에게 진짜 어른이라 불릴 만한 사람이 있기는 할까요? TV와 신문을 보세요. 매일 어른 같지 않은 어른들이 사회적으로 물의를 일으키고 있습니다. 이런 것을 보면 어른이 되고 싶지 않은 사람도 있을 것 같아요.

진짜 어른이 된다는 것에는 두 가지 관점이 있습니다. 먼저, 어른이 된다는 것은 '자신을 둘러싼 상황을 충분히 이해하고 주어진 상황에서 자신의 역할을 잘 해내는 것'이라고 생각하는 입장입니다. 이렇게 생각하는 이들은 우리가 태어나 자라온 특정한 상황(지역, 문화, 언어)을 받아들이고 이 세계에서 살아가는 한 그 속에서 자신의 역할을 해나가야 한다고 여깁니다.

다른 한편으로 어른이란 '자신을 둘러싼 상황과 거리를 두면서 독립성과 자신의 개성을 잃지 않는 사람'이라고 말하는 사람도 있습니다. 이들은 어른과 아이의 차이를 '자립'했는지 그렇지 않은지에 따라 구분합니다.

그런데 이 두 생각은 모두 편향적입니다. 전자의 경우 상황 자체가 좋지 않다면 아무리 어른스러운 사람이라 하더라도 그 상황을 받아들인 채 자신의 책임을 완수하는 것이 어려울 수 있기 때문입니다. 기본적으로 상황의 좋고 나쁨은 당사자가 판단하지요. 물론 자신이 처한 상황을 더 좋게 만들 수 있고, 또 그래야만 한다고 생각하는 사람도 있지만 말입니다.

후자의 주장을 들으면 어른이 된다는 것은 허상 같은 것이 아닌가 하는 의문이 생깁니다. 우리는 자립하기 위해 일을 해야 하고, 일하기 위해서는 직장이 필요하는 등 어떤 어른이라도 특정한 상황에 의존할 수밖에 없기 때문입니다.

물론 어느 한쪽만 옳다고 할 수는 없습니다. 다만 어느 쪽에 중점을 두느냐 하는 차이가 있을 뿐이지요. 이 책에서 소개하는 18세기 철학자 임마누엘 칸트(Immanuel Kant, 1724~1804)는, 진정한 어른이란 '주어진 상황 안에서 주체성을 가지고 어떤 일의 옳고 그름을 스스로 판단하는 것'이라고 생각하는 사람이었습니다.

칸트가 살았던 18세기는 계몽운동의 시대였습니다. 계몽운동이란 '어둠을 연다[啓蒙]'는 한자어의 뜻 그대로 비판 없이 종교나 습속을 따르던 이전의 삶의 방식(어둠, 무지)에 빛을 비추는 것입니다. 그리고 어떤 것을 밝은 곳에서 확인함으로써 인간을 그릇된 생각에서 해방하고, 인간사회를 이성적으로 만들려는 사상운동이었습니다. 이는 인간과 사회를 지배하고 있던 기존의 생각과 가치관을 의심하고, 그것들로부터 자유로워지려는 시도였는데 칸트 또한 철학자로서 이러한 자세를 견지하고 있었습니다.

스스로 생각하는 용기

칸트는 1784년에 쓴 논문 「계몽이란 무엇인가*Beantwortung der Frage: Was ist Aufklärung?*」에서 계몽운동의 모토는 "자기 자신의 오성(悟性)을 사용할 용기를 가지는 것"이라고 썼습니다. 여기서 '오성'이란 사람이라면 누구나 갖고 있는 '이해하는 능력'을 뜻합니다. 우리가 무언가를 이해하기 위해서는 '생각'을 해야 하기 때문에 이 모토는 넓은 의미에서 보자면 '스스로 생각하는 용기를 가지라'는 뜻으로 새길 수 있습니다.

칸트는 사람들에게 스스로 생각하는 용기를 가지라고 독려했습니다. 여러분은 이 말을 듣고 어떤 생각이 들었나요?

'스스로 생각하면 된다는 말이죠? 그거야 쉽죠. 이렇게 쉬운 일을 하는데 용기라는 말까지 사용할 필요가 있나요?'

혹시 이렇게 생각하지는 않았나요? 스스로 생각하는 것이 정말로 쉬운 일이라고 생각하나요? 이 의문을 풀기 위해서는 철학자 프랜시스 베이컨(Francis Bacon, 1561~1626)의 우상론(偶像論)을 참고하면 좋을 것 같습니다.

칸트가 태어나기 약 백 년 전에 세상을 떠난 베이컨은 학문과 기술에 큰 혁신을 이루고 싶어 했습니다. 그러한 혁신의 출발점을 확보하기 위해 우리 정신을 사로잡고 있는 우상(偶像, idola) 즉, 그릇된 선입견이나 편견을 먼저 씻어 버려야 한다고 생각했죠. 선입견이 있으면 어떤 것을 올바르게 이해할 수 없기 때문입니다. 그래서 그는 자신의 저서 『노붐 오르가눔Novum Organum』(1620년) 등에서 우상을 비판했습니다. '노붐 오르가눔'이란 '새로운 도구'라는 뜻으로, 그는 자연을 연구하기 위해 철학이 예로부터 사용해왔던 도구(기관, 오르가논)를 버리고 새로운 도구(신기관)를 도입해야 한다고 말했습니다.

베이컨의 네 가지 우상

이제 베이컨이 말한 네 가지 우상에 대해서 간단히 소개해 보겠습니다.

첫째는 '종족의 우상'으로, 인간 정신의 습성과 같은 것입니다. 인간은 어떤 일을 미리 단정 짓고 단순화하거나 충동적으로 행동하고, 자기 생각에 이끌려 많은 것을 놓치곤 합니다.

둘째는 '동굴의 우상'입니다. 개개인이 가지고 있는 성향에 의해 나타나는 것이죠. 사람들이 무엇에 관심을 갖고 무엇을 선호하는지는 각기 다르지만 이러한 성향에 따라 우리의 시야가 좁아진다는 것입니다.

셋째는 '시장의 우상'인데 이것은 사람들이 나누는 말이 정확히 정의되지 않아서 발생합니다. 베이컨은 이것이 가장 성가신 우상이라고 말했습니다. 우리가 언어를 사용하지 않고는 생각할 수 없다는 점에 비춰 보면 부적절한 언어 사용이 우리 사고에 미치는 폐해가 얼마나 큰지 짐작할 수 있습니다.

넷째는 '극장의 우상'입니다. 때로는 '학설의 우상'이라고도 부르죠. 극장에서 상연되는 연극에 아름다운 결말이 있는 것처럼 철학적인 토론을 할 때도 요령껏 마무리하면 사람들을 속이는 토론이 될 가능성이 있다는 것입니다.

'스스로' 생각하기는 쉬울까?

베이컨이 지적하는 우상은 우리의 지성에 영향을 주며 또한 지배합니다. 이것을 없애지 않으면 새로운 학문을 시작할 수 없습니다. 그러나 우리가 새로운 무언가를 생각하기 시작할 때 자신의 습관을 이해하고 그것을 미리 바로잡을 수 있을까요? 그러려면 새로이 단어를 정의하는 것부터 시작해야 할지도 모릅니다. 세상에 알려진 학설에 기대지 않고 깊이 있게 생각하는 것은 가능할까요? 즉, 선입견 없이 생각할 수 있는 걸까요? 아니요, 아무것도 없다면 '스스로' 생각하는 일 또한 불가능할 것입니다. 그래서 스스로 생각하는 일은 절대 쉽지 않습니다.

왜 '용기'가 필요할까?

그렇다면 스스로 생각하는 것에 왜 '용기'가 필요할까요? 선입견을 따르면 즉, 스스로 생각하지 않으면 편한데 굳이 생각을 해야 하기 때문일까요? 그것만으로 '용기'라는 단어까지 쓸 필요는 없을 것입니다.

이 문제를 이해하기 위해서 우리는 먼저, 스스로 생각하지 못하게 하려는 세력을 우리 주위에서 찾아보아야 합니다. 다른 이들을 자기 생각대로 조정하려는 사람들을 떠올려 보세요. 그런 사람들은 대부분 권력이나 권위를 가지고 있습니다. 그들은 스스로 생각하려고 하는 사람에게 압력을 가

합니다. 이를 물리치고 스스로 생각하는 것은 용기가 필요한 일일 것입니다. 칸트가「계몽이란 무엇인가」에서 염두에 두었던 것은 이런 것입니다.

하지만 '용기'가 타인과의 관계에서만 필요한 것은 아닙니다. 우리가 베이컨과 함께 모든 선입견을 없앴다고 생각해봅시다. 이때 우리는 스스로 만든 습관과 지금까지 받아온 교육까지도 의심할 것입니다. 사실 이것들은 우리에게 안정된 일상을 제공해주던 것들 아닌가요? 애매한 단어들마저도 우리의 일상을 성립시켜 주는 것이었습니다.

우리는 사회에서 통용되는 진짜와 가짜[眞僞], 선과 악[善惡], 아름다움과 추함[美醜]을 학교에서 배웠습니다. 그런데 이것들에서 벗어나면 어떻게 될까요? 우리는 삶의 관점을 잃어버리게 될 것입니다. 한겨울 추위 속에서 따뜻한 코트와 옷가지를 모두 빼앗기고 혼자서 방황하는 것같이 느껴지지는 않을까요?

'나는 생각한다. 고로 존재한다'

여기서 데카르트(René Descartes, 1596~1650)를 떠올려 봅시다. 그는 학문의 쇄신을 원하며 더는 의심하지 않아도 될 출발점을 구하고자 했던 철학자였습니다. 그가 모든 것을 의심함으로써 의심하고 있는 한 의심하고 있는 자신이 존재한다는 사실은 의심할 수 없다는 것을 깨닫게 된 것이죠. 그렇게 해서 탄생한 깨달음이 "나는 생각한다. 고로 존재한다"입니다.

주목할 것은 데카르트가 이러한 탐구 과정에서 세운 몇 가지 행동방침인데, 이는 그의 저서 『방법서설 *Discours de la Méthode*』(1637년)에 설명되어 있습니다. 데카르트는 행동방침의 하나로 자기 나라의 법률과 관습을 따르라고 권했습니다. 한편으로는 모든 것을 의심하라면서 다른 한편으로는 자신을 둘러싼 기존의 규칙을 따르라니, 왠지 모순적이라는 생각이 들지 않나요?

하지만 정말로 스스로 생각하려고 마음먹은 사람은 학문적 선입견과 자신의 일상을 지탱하고 있는 모든 것을 일단 손에서 놓아야 합니다. 이것은 참으로 두려운 일이 아닐 수 없습니다. '내가 알고 있는 진리는 사실 허위일지도 모른다', '선악조차도 날조된 것일지도 모른다', '애초에 인생의 의미 같은 건 없을지도 모른다' 이런 생각과 마주하는 것은 용기가 필요한 일이기 때문입니다. 그래서 데카르트는 의심할 용기를 발휘하면서 그 과정이 만용 되지 않도록 먼저 행동방침을 제시한 것으로 보입니다.

스스로 생각하면 열리는 세계

베이컨과 데카르트의 논의를 살펴봄으로써 우리는 칸트가 "스스로 생각하는 용기를 가지라"고 말한 것이 어떤 의미였는지 알 수 있습니다. 우리는 나이를 먹으면서 '어른'이라고 부를 수 있는 사람이 되어갑니다. 하지만 겉모습만 '어른'일 뿐, 제대로 된 어른이 아닌 사람도 있을지 모릅니다. 아니, 분명히 있을 것입니다. 사실 어떤 어른이라도 제대로 된 어른으로 살 수 없을 때가 있습니다.

사람에게는 누구나 평생을 따라다니는 미숙함이 있습니다. 칸트는 이런 미숙함을 '미성년 상태'라고 표현하고, 미숙함에 대한 책임은 우리 자신에게 있다고 앞서 소개한 논문에서 밝히고 있습니다. 즉, 스스로 생각할 수 있는데도 불구하고 용기가 없어서 스스로 생각하지 않는 것은 본인의 책임이라는 말입니다.

만약 여러분이 제대로 된 어른이 되고 싶다면 칸트와 함께 용기를 내서 스스로 생각해보면 어떨까요? 이 책은 칸트 철학을 살피면서 스스로 생각할 용기를 낼 때 펼쳐질 세계를 전하기 위해 쓰였습니다. 먼저 칸트의 생애를 간단하게 살펴본 다음 그가 대표작을 발표한 1780년대 이후 어떤 생각을 했는지 알아보겠습니다.

스스로 생각하는 일은 용기를 필요로 하는 하나의 모험일지도 모릅니다!

제1장
작은 마을의
큰 철학자 칸트

현재 러시아령 칼리닌그라드(옛 쾨니히스베르크)의 항구

1. 내가 나아가야 할 길

혜성의 출현과 대학생 칸트

1744년 1월의 어느 날 밤, 동프로이센의 도
시 쾨니히스베르크 사람들은 서쪽 하늘을
올려다보고 있었습니다. 육안으로도 어렴풋
이 볼 수 있는 혜성이 나타났기 때문입니다.
쾨니히스베르크 주민들은 혜성이 나타나기
를 고대하고 있었는데, 그들 중에는 마틴 크
누첸(Martin Knutzen, 1713~1751) 교수와 그를
존경하던 제자 칸트도 있었습니다.

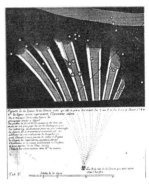

1744년 3월 7일, 드 셰조가 그린 1744
년의 혜성(출처: 바이글 저, 『계몽의 도
시 여행』, 미시마겐이치 외 역, 이와나미
쇼텐, 1997)

　크누첸 교수는 이 혜성이 출현할 것이라
고 약 7년 전인 1737년에 예측하여 발표했습
니다(나중에 오해에서 비롯된 예측이라는 게 밝혀지긴 했지만요). 그러니 이날 뉴턴
식 천체망원경을 통해 실제로 혜성을 관측했을 때 그는 분명 뿌듯했을 것
입니다. 그리고 대학생이었던 칸트는 태양계를 넘어서는 거대한 우주 공간
에 대한 관심을 두게 되었죠. 동시에 우주 구조를 파악하고 있는 크누첸 교
수에 대해 더 큰 존경심을 품었습니다.

　칸트는 1740년 열여섯 살의 나이로 쾨니히스베르크 대학에 입학한 뒤
크누첸 교수의 철학과 수학 강의를 빠짐없이 들었습니다. 크누첸은 영국

철학자 존 로크(John Locke, 1632~1704)와 영국 물리학자 뉴턴(Isaac Newton, 1642~1727)의 사상에 정통한 사람이었습니다. 후에 칸트의 저서에 다양한 영국 사상의 흔적을 엿볼 수 있는데, 여기에는 크누첸의 영향도 있었을 것으로 여겨집니다. 크누첸이 칸트의 종교관에 평생 영향을 주었다고 말하는 사람도 많지요.

칸트의 결심

한편 칸트는 물리학 강의를 듣고 졸업논문 주제로 역학에 관한 문제를 선택해 「활력의 참된 측정에 관한 고찰 *Gedanken von der Wahren Schätzung der lebendigen Kräfte*」이라는 논문을 썼습니다. 그의 논문을 읽은 담당 교수는 많은 것을 배웠다며 칭찬했다고 합니다. 이 논문은 칸트의 대선배라고도 할

단호박

어떠한 것에도 방해받지 않고
계속해서 나아갈 것이다.

수 있는 저명한 학자들의 가설을 부정한다는 점에서 상당히 대담한 것이었습니다. 칸트는 논문 앞머리에서 아무리 저명한 학자의 의견이라 하더라도 스스로 생각해 봤을 때 이해가 가지 않는 것에 대해서는 비판하겠다고 선언하고 있습니다. 어떤 학자라도 실수를 할 수 있기 때문입니다.

하지만 이런 말을 했다고 해서 칸트가 늘 자신감 넘치는 사람이었다고 속단하기는 이릅니다. 그는 자기 또한 실수를 범할 수 있다는 사실을 인정합니다. 그런데도 그는 자신의 능력을 신뢰해야만 선입견에서 조금씩 벗어날 수 있고, 더 나아가서 학문을 발전시킬 수 있다고 확신했습니다. 그러면서 이런 말을 하기도 했지요.

"나는 이런 것들에 근거를 둔다. 나는 내가 나아가야 할 길이 어디인지 이미 알고 있다. 따라서 나는 어떠한 것에도 방해받지 않고 계속해서 나아갈 것이다."

2. 칸트의 시작, 쾨니히스베르크

쾨니히스베르크는 어디에 있을까?

쾨니히스베르크라는 마을은 칸트가 태어난 곳이자 생애 대부분을 보낸 곳입니다. 지도에서 한번 확인해볼까요? 칸트는 독일 철학자로 알려져 있으니 독일에서 찾아보죠.

칼리닌그라드 주의 위치

어떤가요? 찾을 수 있나요? 칸트의 고향 쾨니히스베르크는 지금은 존재하지 않습니다. 제2차 세계대전 후반에 소련군에게 점령당하면서 폴란드로 귀속되어 이름이 칼리닌그라드로 바뀌었기 때문이죠. 칼리닌그라드는 발트 해에 접해 있으며, 폴란드와 발트 3국 중 하나인 리투아니아 사이에 자리 잡고 있습니다.

재미있는 사실은 칸트가 주로 독일어로 책을 쓰고 강의했기 때문에 독일 철학자라고 할 수 있지만, 그가 실제로 독일에 살았던 적은 없다는 것입니다. 심지어는 독일을 여행한 적조차 없었다고 하네요.

13세기 십자군 원정 때 독일 기사단에 의해 세워진 쾨니히스베르크는 16~17세기 프로이센 공국의 수도였으며 1701년 프로이센이 왕국으로 승격된 뒤 프로이센 왕국의 수도가 베를린으로 정해진 이후에도 동프로이센 지역에서 수도 역할을 하는 주요 도시였습니다. 칸트가 살던 시대에는 쾨니히스베르크 인구가 약 5만 명으로 늘어나면서 규모에서는 베를린을 훨씬 뛰어넘는 국제적인 상업도시로 발전했지요. 그래서 칸트도 이곳을 '대도시'라고 불렀습니다.

망망대해를 가르는 것처럼

쾨니히스베르크는 프레겔 강가에 위치해 있으면서 발트 해와 맞닿아 있는 항구도시였기 때문에 해외무역이 활발하게 이루어졌습니다. 언어와 관습이 다른 여러 나라와 교류를 할 수 있었죠. 바다는 사람과 사람, 나라와 나라를 갈라놓는 것처럼 보이지만 반대로 그것들을 이어주기도 합니다. 항구도시는 바다 건너에서 오는 새로운 언어와 문화를 받아들입니다. 이러한 환경은 그곳에 사는 사람들, 그리고 칸트의 사상에도 영향을 주었지요.

앞에서 언급했던 베이컨의 저서 『노붐 오르가눔』을 떠올려 봅시다. 이 책의 속표지에는 항구와 배가 그려져 있습니다. 항구를 통해 해외의 문물이 들어오기도 하고, 반대로 배들이 크고 넓은 바다를 향해 나아가기도 합니다. 배는 일단 항해를 시작하면 선장이 정한 목적지를 향해 나침반이 가르쳐주는 방향대로 전진할 수밖에 없습니다.

『노붐 오르가눔』의 속표지 그림

언제 위험과 곤경이 닥쳐올지 모르는 망망대해를 나침반 하나에 의지해서 전진하는 배를 보면, 스스로 생각하는 용기를 가진 사람의 삶의 방식이 떠오릅니다. 베이컨은 우상을 불식시키고 새로운 학문의 출발을 기도한 이 책을 통해 "큰 바다로 나아가는 것처럼 인간의 지성을 새롭게 하겠다."고 말했습니다.

칸트의 탄생

칸트는 1724년 4월 22일 마구(馬具) 장인의 아들로 태어났습니다. 아홉 형제 중 넷째였다고 합니다. 아버지 요한 게오르그 칸트는 성실하고 정직한 시민이었고, 어머니 안나 레기나는 독실한 기독교인이었다고 전해집니다. 칸트의 부모는 그에게 행복한 추억을 만들어주었고 부모에 대한 존경심도 가르쳤습니다. 하지만 가정 형편이 넉넉한 편은 아니어서, 학비는 그의 큰아버지가 대신 내주었죠.

칸트는 자선원 부속학교에서 글자를 배운 뒤, 당시 평판이 좋았던 프리데리치아눔에 입학해 철저한 라틴어 수업을 받았고 1740년 쾨니히스베르크 대학에 입학했습니다. 그의 대학 시절에 대한 자세한 이야기는 전해지지 않지만, 크누첸 교수를 비롯해 존경할 만한 교수들의 가르침을 받다가 1746년에 졸업했다고 전해집니다. 대학에서 연구를 계속하지 않은 것은 같은 해 아버지가 돌아가셨기 때문이라고 합니다.

가정교사 칸트

대학 졸업 후 칸트는 쾨니히스베르크를 벗어납니다. 가정교사로 생활하면서 학문을 계속하기 위해서였습니다. 칸트 이후의 철학자인 피히테(Johann Gottlieb Fichte, 1762~1814), 헤겔(Georg Wilhelm Friedrich Hegel, 1770~1831), 휠덜린(Johann Christian Friedrich Holderlin, 1770~1843), 셸링(Friedrich Wilhelm Schelling, 1775~1854)도 이런 생활을 했습니다.

당시 가정교사는 학생의 집에 머물면서 가르쳤는데, 어떻게 보면 하인이나 다름없는 처지였다고 합니다. 이런 생활을 하면서 힘든 경험을 하는 사람도 적지 않았지만, 칸트의 가정교사 생활에 대해서는 자기 자신을 좋은 교사가 아니었다고 회상한 것 정도밖에는 알려진 바가 없습니다.

그런데 그가 세 번째로 가정교사 생활을 했던 카이저링 백작가(家)는 칸트에게 좋은 추억을 만들어주었던 것 같습니다. 그는 그곳에서 사교술을 배울 수 있었습니다. 칸트는 1754년에 쾨니히스베르크로 돌아왔는데 그다음 해에 카이저링 백작가도 쾨니히스베르크로 이사를 왔습니다. 카이저링 백작 부인은 곧 쾨니히스베르크 사교계의 중심인물 중 한 사람이 되었고, 칸트와의 친분도 그녀가 사망할 때까지 이어졌습니다.

3. 대지진과 러시아의 동프로이센 점령

리스본의 대지진이 가져온 것
쾨니히스베르크로 돌아온 30대의 젊은 칸트는 철학자로 활약하기 시작합니다. 1755년에는 천문학 역사에 '칸트·라플라스 성운설'이라는 이론을 남기게 한 저서『천계의 일반자연사와 이론*Allgemeine Naturgeschichte und Theorie des Himmels*』을 썼고, 쾨니히스베르크 대학에서 교수로 일하기 시작했습니다.

그해 11월 1일, 포르투갈 리스본에서 대지진이 발생했습니다. 쓰나미를 동반한 이 지진으로 수만 명에 이르는 희생자가 나왔다고 합니다. 발트 해 연안 마을 쾨니히스베르크의 주민들도 틀림없이 두려움에 떨었을 것입니다. 이 지진은 서양 사상계를 크게 뒤흔드는데, 칸트 또한 지진에 관한 논문을 세 편 발표했습니다. 당시의 지식을 기반으로 지진의 원인을 제시한 논문이었는데 물론 오늘날의 분석에 견줄 만한 것은 못 되지요. 하지만 지진이라는 커다란 자연재해에 직면하고 이에 두려워하는 사람들을 향해 그가 쓴 두 번째 논문「지진의 원인에 대하여*Von den Ursachen der Erderschütterungen*」에서 한 말은 마음에 새겨야 할 듯합니다.

"인간은 자연에 순응하는 방법을 배워야 함에도 자연이 인간에게 순응해주기를 바란다."

쾨니히스베르크의 점령과 세계시민

칸트의 30대 시절, 또 하나의 큰 사건이 일어납니다. 세력을 키워가던 프로이센과 이를 경계하던 주변국 사이에 긴장감이 고조되더니 결국 전쟁이 발발하고 만 것입니다(7년 전쟁, 1756~1763). 그리고 1757년 전쟁에 참전한 러시아가 1758년 1월 쾨니히스베르크를 점령합니다.

하지만 '점령'이라는 단어가 주는 공포감과는 달리 쾨니히스베르크의 일상에는 별다른 변화가 없었고, 쾨니히스베르크 시의 여러 권리는 러시아의 엘리자베타 여제에 의해 보호받을 수 있었습니다. 그래서 칸트의 강의에 러시아 사관생도가 출석하기도 했습니다.

이 점령은 1762년 여름까지 계속되는데 이 경험이 후에 칸트 철학에서 중심적인 모티프 중 하나가 되는 '세계시민' 개념에 간접적인 영향을 주었을지도 모릅니다. '세계시민'이란, 사람은 누구나 한 나라의 국민으로서 그 권리를 보장받는데, 나라가 바뀌었다 하더라도 그 권리는 보장받아야만 하며 보장받을 수 있다는 것입니다.

루소의 『에밀』을 읽다

30대의 칸트에게 더 큰 영향을 준 것은 장 자크 루소(Jean Jacques Rousseau, 1712~1778)의 저서 『에밀Emile』이었습니다. 1762년에 발행된 이 책은 교육에 관한 책으로, 같은 해 6월 당시의 종교권력과 정치권력에 의해 불온서적으로 분류되어 파리에서 불태워지기도 했습니다.

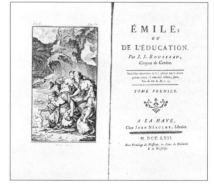

칸트는 이 책을 여름이 끝날 무렵 손에 넣은 뒤 탐독했다고 합니다. 얼마나 열중했는지 매일 빼놓지 않고 하던 산책을 며칠 동안 중단할 정도였습니다.

칸트는 이 시기에 『에밀』의 영향을 느끼게 하는 유명한 문장을

『에밀』 제1판의 표지

남깁니다. 이것은 다른 사람들에게 보이기 위해 쓴 것이 아니라 자신의 책에 기록해 놓은 것인데, 그래서 그의 꾸밈없는 기분이 더욱 잘 표현되어 있습니다. 여기서 칸트는 스스로가 학문적 지식을 얻고자 하는 욕구가 강한 사람이라는 사실을 인정하고, 더 나아가서는 아무것도 모르는 대중을 경멸하고 그들에게 우월감을 가졌던 것을 고백하고 있습니다.

"루소가 나를 바른길로 돌아오게 해주었다. 우월하다는 착각은 사라졌고, 나는 인간을 존중하는 법을 배웠다."

자신의 학문적 능력에 대해 자부심이 강했던 칸트가 학자로서 빠지기 쉬운 편견에서 해방된 순간이었습니다. 사람은 지식을 가지고 있다고 하여 고귀한 것이 아니고, 문명사회에 익숙해져 있다고 하여 고귀한 것도 아니며 '사람으로서' 이미 고귀하다는 사실을 루소를 통해 배운 것입니다.

4. 침묵의 10년

위대한 빛과 침묵의 10년

칸트는 1755년부터 강사로 쾨니히스베르크 대학의 수업을 담당하기 시작했습니다. 강사는 대학에서 월급을 받는 교수와는 달리 학생들에게 받는 수업료가 전부였기 때문에 그의 생활은 여전히 가난하고 불안정했습니다.

칸트는 논문과 저서를 발표하면서 동프로이센 지역을 뛰어넘는 명성을 얻었지만, 그에게 대학 교수직이 주어지기까지는 몇 년의 세월이 더 필요했습니다. 그 사이 그는 쾨니히스베르크 왕립도서관의 부사서로 일하면서 생활비를 벌었습니다. 이 도서관의 장서는 오늘날까지 남아 있는데, 그중에는 폴란드의 천문학자 코페르니쿠스(Nicolaus Copernicus, 1473~1543)가 참고했다고 알려진 서적도 있습니다.

칸트에게 기다리고 기다리던 쾨니히스베르크 대학의 교수직이 주어진 것은 그가 46세가 되던 1770년의 일입니다. 그는 윤리학과 형이상학 교수가 되었는데 이때 그는 정교수 취임 논문으로『감성계와 예지계의 형식과 원리De Mundi sensibilis atque intelligibilis forma et principiis』라는 라틴어 서적을 출판했습니다.

이 논문을 읽어보면 이전 작품들과 문체뿐만 아니라 생각 또한 상당히 변했음을 느낄 수 있습니다. 무언가 중대한 변화라도 있었던 걸까요? 그렇습니다. 칸트의 메모 중에 "69년이 나에게 위대한 빛을 비추었다"라는 기록이 있습니다. 1769년에 무슨 일이 있었는지는 많은 연구자가 다양한 가설을 제시하고 있지만, 오늘날까지 의견 일치를 보지 못했습니다.

1770년에는 칸트가 대학 교수직을 얻으면서 생활도 안정되었기 때문에 슬슬 대활약을 시작할 것이라고 예상하는 사람들이 많았지만, 그렇지는 못했습니다. 이른바 '침묵의 10년'이 시작된 것입니다. 이 기간에 칸트는 대학에서 많은 수업을 담당했지만, 간행물로는 몇 편의 짧은 글을 발표한 것이 전부였습니다.

한편 친구에게 보낸 편지에서 칸트는 자신이 '순수이성비판'을 구상하는 작업에 몰두하고 있다고 수차례나 말하고 있는데, 1777년의 편지에서 그 해 겨울에는 이 작업이 끝날 것이라고 전했습니다. 그는 1780년 여름, 드디어 작업을 완수하고 이듬해 그의 주요 저서인 『순수이성비판*Kritik der reinen Vernunft*』을 간행했습니다.

5. 3대 비판서와 비판철학

『순수이성비판』,
우리가 아는 것은 무엇이며 알지 못하는 것은 무엇인가

Critik
der
reinen Vernunft

von

Immanuel Kant
Professor in Königsberg.

Riga,
verlegts Johann Friedrich Hartknoch
1781.

『순수이성비판』 제1판의 표지

긴 침묵을 깨고 나온 『순수이성비판』은 책이 두껍고 문장이 딱딱해서 출간 후 한동안은 독자가 많지 않았습니다. 그리고 이 책을 읽은 사람 중에 그의 주장을 오해한 사람도 있었습니다. 출간 다음 해(1782년)에 《괴팅겐 학보 부록》에 게재된 서평도 그중 하나였습니다.

이런 상황을 보고 오해를 불식시키기 위해 이 책의 내용을 간략하게 다시 설명하면서 쓴 책이 바로 『프롤레고메나*Prolegomena*』입니다. 이 책의 정확한 제목은 '학문으로서 출현할 수 있는 미래의 모든 형이상학을 위한 프롤레고메나'입니다. 제목이 길어 어려워 보이기는 하지만 『순수이성비판』보다 훨씬 더 이해하기 쉬우므로 칸트 철학을 배우고자 하는 사람이라면 제일 먼저 읽어야 할 책입니다.

비판이란

『순수이성비판』의 책 제목이 의미하는 것은 말 그대로 '순수이성을 비판한다'는 것입니다. 이때 '비판'이라는 단어에 주의해야 하는데, 이 단어의 쓰임이 우리가 통상적으로 사용하는 비판(批判) 즉, 옳고 그름을 따진다는 뜻과 다르기 때문입니다.

'비판(독일어로 크리틱, Kritik)'은 '나누다'는 뜻의 그리스어 '크리노(κρίνω)'에서 유래했습니다. 따라서 '이성을 비판한다'는 것은 인간의 이성이 무엇을 알 수 있고 무엇을 알 수 없는지를 분별함으로써 인간 지성의 한계를 탐색한다는 말입니다.

우리는 공부를 하고 다양한 경험을 쌓아가면서 많은 것을 알게 됩니다. 무언가를 안다는 것은 그것과 다른 것을 '나눌 수 있다'는 뜻입니다. 예를 들어 어떤 한자(漢字)를 안다는 것은 그것을 다른 한자와 구분할 수 있다는 말이지요.

그러면 우리가 최종적으로 알고 싶은 것은 무엇일까요? 그것은 우리가 무엇을 알고 무엇을 모르는지를 '나누는 것', 그 한계가 어디인지를 아는 것이 아닐까요? 이 물음에 답하는 것이 『순수이성비판』입니다.

『순수이성비판』이 내린 답을 미리 살펴보면 우리가 무엇을 아는지 모르는지는 그것을 인간이 경험할 가능성이 있느냐 없느냐에 달려 있습니다.

다른 말로 하자면 인간이 아는 것은 보고 듣고 만질 수 있는 범위의 것 즉, 자연현상에 한정됩니다. 그리고 이때 안다는 말은 'A가 B가 아니라는 사실을 안다'라는 뜻입니다.

『실천이성비판』, 무엇을 해야 하며, 무엇을 하지 말아야 하는가

이런 종류의 앎을 넘어서 우리가 더 알고자 하는 것이 있습니다. 그것은 바로 '우리가 무엇을 해야만 하며 무엇을 하지 말아야 하는가'입니다. 다시 말하자면 무엇을 하는 것이 선한 것이며 무엇을 하는 것이 악한 것인지를 '나누는 것'이지요.

이 문제를 다룬 것이 1788년에 간행된 『실천이성비판*Kritik der praktischen Vernunft*』입니다. 이 책에서 칸트는 자유와 자연을 엄밀하게 '나누는' 작업을 통해 자유의 실재성을 손에 넣게 하는 역할도 짊어졌습니다. 선악은 선을 선택하고 악을 거부할 자유가 없다면 무의미하기 때문입니다.

『판단력비판』,
자유와 자연 사이에 다리 놓기

『순수이성비판』에서 자연현상의 영역을 다루고 『실천이성비판』에서 자유의 영역을 다룬 칸트는 1790년에 발행한 세 번째이자 마지막 비판서인 『판단력비판Kritik der Urteilskraft』에서 인간을 통해 자유와 자연을 연결할 가능성을 찾아냅니다. 인간이 자유의지로 결정한 일이라도 행위를 통해 그것을 실현해야 할 장소는 자연 세계이기 때문입니다.

이때 이 중재의 가능성은 객관적으로 주어지는 것이 아니라 주관적으로만 나타납니다. 이처럼 '객관적'인 것과 '주관적'인 것을 '나누는 일'에 『판단력비판』의 비판 포인트가 있습니다.

너무 어렵게 느껴진다고요? 이 이야기는 이제 막 시작되었으니 함께 천천히 알아가 봅시다.

b. 만년의 칸트

권력자에 의한 감시 아래에서

칸트는 『판단력비판』을 마지막으로 '비판'하는 작업을 끝마치고 인간사회에 자유를 실현하기 위한 체계적인 작업에 들어갔습니다. 하지만 이 무렵부터 칸트 주위에 좋지 않은 분위기가 감돌기 시작합니다. 비판 철학을 함으로써 스스로 생각하는 용기를 마음껏 발휘한 칸트를 위험인물로 보는 베르나라는 정치가가 있었기 때문입니다.

『순수이성비판』이 간행되었을 무렵 프로이센의 왕은 계몽전제군주로 알려진 프리드리히 대왕(1712~1786)이었습니다. 그가 칸트에게 호의적이었기 때문에 보수적인 관료 베르나는 우려할 만한 인물이 아니었습니다. 하지만 프리드리히 대왕이 사망하고 프리드리히 빌헬름 2세의 시대가 되자 베르나가 정치적 실권을 잡게 되었고, '스스로 생각하는' 칸트를 감시의 눈으로 바라보기 시작한 것이죠.

칸트는 그런 상황 속에서도 1792년 기독교의 원죄론을 철학적이고 이성적으로 재해석한 논문을 발표했습니다. 다음 해에는 그 논문이 포함된 저서 『이성의 한계 안에서의 종교 *Die Religion innerhalb der Grenzen der bloßen Vernunft*』를 발표하기도 했지요. 이런 칸트에 대해 1794년 10월, 종교와 신학에 관한 집필을 금지하는 프리드리히 빌헬름 2세의 칙령이 내려졌는데, 그 칙령에 서명한 사람이 베르나였습니다.

이처럼 권력자의 엄격한 감시 아래 칸트는 1795년 유명한 단편인 『영원한 평화를 위하여 *Zum ewigen Frieden*』를 출간합니다. 이 책은 후세에 큰 영향을 주는데 권력자들의 시선을 피하고자 무척 고심했음을 알 수 있는 표현이 많이 등장합니다.

1797년에는 『도덕 형이상학의 정초 *Grundlegung zur Metaphysik der Sitten*』를 펴내는데 이 책은 비판 작업을 끝낸 칸트가 완성을 목표로 체계적인 작업을 진행한 것을 보여줍니다. 이듬해에는 칸트의 마지막 저서인 『실용적 견지에서 본 인간학 *Anthropologie in pragmatischer Hinsicht*』이 출간되었는데 여기에

철학하는 것은 스스로 생각하는 것!

는 베르나와의 불화가 소개되어 있으며, 철학을 하는 것이 '스스로 생각하는 것'이라는 칸트의 강한 확신을 다시 한번 보여주고 있습니다.

"이것으로 족하다"

칸트는 만년에 17년 동안 새로운 자연철학을 구상하여 집필을 계속했습니다. 이는 오늘날 『오푸스 포스투뭄*Opus postumum*』이라는 이름으로 정리된 연구인데 세상의 빛을 보지는 못했습니다.

칸트는 대학 정교수로 취임한 이래로 규칙적인 생활을 하려고 노력했습니다. 태어날 때부터 튼튼한 편이 아니었고 그 사실을 자신도 잘 알고 있었기 때문에 건강에 신경 쓴 것 같습니다. 그리고 그는 큰 병을 앓는 일 없이 노년을 맞이했습니다. 하지만 1800년경에는 눈에 띄게 노쇠해졌고 만년의 칸트를 돌보던 바지안스키의 기록에 따르면 1803년 10월 8일 결국 쓰러지고 말았다고 합니다.

같은 해 12월에는 자기 이름조차 쓸 수 없을 정도로 쇠약해졌고 1804년 2월, 심신이 모두 쇠약해진 칸트에게 임종의 순간이 찾아왔습니다. 하지만 의사인 엘스너 박사가 왕진하러 왔을 때 칸트는 의자에서 일어나 "나는 아직 인간성에 대한 감정을 잃지 않았습니다"라고 말했다고 합니다. 칸트는 일찍이 루소의 사상에 감명을 받았던 기억을 계속해서 마음에 품고 있었던 것입니다.

2월 11일 한밤중에 목이 말랐던 칸트는 바지안스키가 와인에 물을 타서 주자 "이것으로 족하다"라고 말했는데 이것이 칸트의 마지막 말이 되었습니다. 1804년 2월 12일, 칸트는 79세의 나이로 숨을 거두었습니다. 장례식은 같은 달 28일에 행해졌는데 수천 명의 쾨니히스베르크 사람들이 참가했다고 합니다.

제2장
'자유' 없이는
선악도 없다

『순수이성비판』을 읽다

칼리닌그라드의 블랑켄부르크 문

1. '가장 선한 것'보다 더 선한 것

생각하는 것과 일상을 사는 것

앞에서 '스스로 생각하는 것'은 한겨울 추위 속에서 따뜻한 코트와 옷가지를 모두 빼앗기고 혼자서 방황하는 것과 같다는 이야기를 했습니다. 스스로 생각하는 것을 멈추고 세상 사람들이 '좋다'고 여기는 것에 순응하면 차라리 편안한 일상을 즐길 수 있을지도 모릅니다.

그런데 여기서 한 가지 생각해볼 것이 있습니다. '스스로 생각하는 것'과 '일상을 사는 것'을 둘로 나누는 이원적인 사고방식이 과연 올바른가 하는 것입니다. '스스로 생각하는 것'에 용기가 필요하다고 해서 그것을 이상화하고, 자신의 맡은 바 역할을 다하면서 하루하루 충실히 살아가는 일을 하찮은 것으로 간주한다면 우리는 '스스로 생각하는 것'을 제대로 하지 못하는 것일 수 있습니다.

스스로 생각하는 삶을 살 때도 우리는 우리를 신경 써주는 가족과 세상에 둘러싸여 살아가고 있고, 우리 역시 주변 사람들을 신경 쓰며 살고 있으니 말입니다. 예를 들어 가족 중 누군가가 여행을 가면 '날씨는 좋을까, 컨디션은 나쁘지 않을까, 동행과 사이좋게 지내고 있을까' 등을 걱정합니다.

우리는 스스로 생각하기 시작하면서 다양한 '좋음'과 '나쁨'에 둘러싸이게 됩니다. 사람은 누구나 다양한 '좋음'이 있는 세상에서 태어나고 자랍니다. 그리고 그것이 우리 일상의 방향을 정하고 때로는 삶의 지침이 되기도 합니다.

또한 우리는 이러한 여러 가지 '좋음'을 잘 살펴보아야 합니다. '좋음'은 작고 사소한 일에도 연관이 있을 뿐 아니라 사람들의 행동에도 크게 영향을 주기 때문입니다. 그렇다면 그것들은 왜 '좋은 것'이고, 왜 '좋다'고 여겨지는 걸까요?

무언가를 위해서 좋다

위와 같은 질문을 받으면 우리는 그것들이 '무언가를 위해서 좋다'고 답할 것입니다. 예를 들어 '연필은 노트에 글씨를 쓰기 위해 좋다'고 할 수 있고 '책은 지식을 얻기 위해 좋다'고 할 수 있는 것처럼 말입니다. '그녀는 머리가 좋아서 시험을 잘 본다'는 것도 같은 맥락입니다. 즉, '좋은' 도구나 능력은 그 자체가 아니라 '그 이외의 무언가'를 위해서 좋은 것입니다. 이때 '그 이외의 무언가' 또한 다른 의미에서 '좋은 것'입니다. 필기하는 것은 시험 준비를 하기 위해서 좋고, 지식을 얻는 것은 인생의 폭을 넓히기 위해서 좋은 것처럼 말입니다.

이런 물음은 쉽게 끝나지 않습니다. 하지만 우리가 '△△는 ○○을 위해서 좋다'라고 말할 때 △△의 좋은 점은 ○○의 좋음에 의해 뒷받침되는 것이며, 이 점에서 ○○가 '더 좋은 것'이라는 사실이 전제되어 있음을 알 수 있습니다. '좋음'의 영역에도 가치의 차이가 존재하는 것입니다.

'가장 선한' 것, 최상선

그렇다면 '가장 좋은 것'은 무엇일까요? 이 물음은 아주 오랜 옛날부터 끊이지 않고 계속되어 왔습니다. 고대 철학자 아리스토텔레스(Aristoteles, 기원전 384~322)는 자기 아들의 이름을 붙인 저서 『니코마코스 윤리학*Ethika Nikomacheia*』에서 '언제나 그것 자체로서 바람직하며 다른 무언가를 위해 바람직한 것이 아닌 것'이야말로 궁극의 '좋은 것'이라고 말했습니다. 칸트 또한 '다른 것을 위해서 좋은 것이 아닌 좋은 것'이 있다고 말합니다. 그것은 '성실한 것, 거짓말을 하지 않는 것, 곤경에 처한 사람을 도와주는 것'인데 쉽게 말하자면 '도덕적으로 행동하는 것'입니다.

곤경에 처한 사람을 도와주는 것은 도움을 받은 사람이 감사를 표하기 때문에 좋은 것도 아니고, 스스로 그렇게 행동했다는 사실에 만족하기 때문에 좋은 것도 아닙니다. 그 자체로 좋은 것이지요. 이런 도덕적인 의미에서의 '좋음'을 '선(善)'이라고 표현할 수 있습니다. 도덕적인 선을 실현하는 것이야말로 '가장 좋은 것'인데, 칸트는 이를 '최상선(最上善)'이라고 불렀습니다.

그런데 도덕적으로 올바르게 사는 것이 '가장 좋은 것'이라고 한다면 그것 외의 다양한 '좋음'은 가치가 없는 걸까요? 예를 들어 '시험 성적을 잘 받기 위해서 열심히 공부하는 것', '열심히 공부해서 사회에서 성공하려는 것', '착실히 일하고 돈을 벌어서 경제적으로 여유 있는 가정을 꾸리는 것' 등은 모두 가치 없는 일일까요?

칸트가 말하는 '최고선'

물론 그렇지 않습니다. 오히려 이런 것들의 '좋음'이야말로 우리가 태어나고 자란 사회에서 비롯된 것입니다. 그렇다면 '가장 좋은 것', 다시 말하면

도덕적인 선과 함께 다양한 '좋은 것'이 주어지는 것이야말로 최고의 선이 아닐까요? 칸트는 이러한 완전한 선을 최상선과 구별해서 '최고선(最高善)' 이라고 불렀습니다.

그런데 완전한 선이란 것이 지나치게 공상적인 것 같고, 하늘에 떠 있는 달처럼 손에 닿지 않을 것 같다는 생각이 들지 않나요? 나와는 상관없는 일인 것 같기도 하고요. 하지만 '최고선'이 글자 그대로 '최고로 좋은 것'이라고 한다면 우리는 이것에 관심을 가지지 않을 수 없습니다.

왜냐하면 우리의 일상은 '영어를 더 잘해야지', '친구랑 더 잘 지내야지' 등의 '더 좋음'과 떼려야 뗄 수 없는 관계가 있기 때문입니다. '더 좋게'에 관심을 갖는 사람은 '최고로 좋음'에 관심을 갖지 않을 수 없습니다. 그리고 그것이 우리 삶에 의미를 부여해주는 것이지요.

우리의 일상은 좋은 일로만 가득하지는 않지만, 최고선을 아주 멀리서라도 바라보며 나아가야 열심히 살 수 있는 것 아닐까요?

최상선과 최고선 📖

'언제나 그 자체로서 바람직하며 다른 무언가를 위해 바람직한 것이 아닌 것'을 아리스토텔레스는 '최고선'이라고 부르며 그것이 곧 '행복'이라고 말했습니다. 한편 칸트는 그것을 '최상선'이라고 부르면서 최상선은 '도덕적인 선을 실현하는 것'이며 그것이 곧 '도덕성'이라고 주장했습니다. 칸트는 '최상선'에 '행복'을 더함으로써 '최고선'이라는 완전한 선을 상상해볼 수 있다고도 했습니다. 중요한 것은 아리스토텔레스와 칸트가 같은 '행복'이라는 단어를 사용하고 있지만, 그 의미가 상당히 다르다는 점입니다. 칸트의 행복관에 대해서는 뒤에 설명하도록 하겠습니다.

2. '선한 것'은 누구에게나 좋은 것?

'보편성'이라는 문제

칸트의 사상 가운데 '최고선'에 관한 그의 생각을 가장 먼저 설명한 이유는 이것이야말로 그의 철학을 관통하고 있는 중요한 과제이기 때문입니다. 그가 쓴 세 권의 비판서와 그 이후의 저서들도 각기 최고선에 대한 가능성을 어떻게 확보하고, 그것을 어떻게 실현할 것인가 하는 문제와 관련이 있습니다.

자세한 설명은 나중에 하기로 하고, 여기서는 더 근본적인 문제에 주목해 보도록 하겠습니다. 그것은 바로 '도덕적으로 선하게 산다'고 했을 때 그 선은 누구에게나 선한 것인가, 다시 말하면 도덕적 선은 보편성이 있는가 하는 문제입니다.

칸트는 도덕적 선은 특정인에게만 선한 것이 아니며 '누구에게나 선한 것'이라고 생각했습니다. 즉, 앞선 물음에 확신을 가지고 '그렇다'고 답한 것이죠(보편성을 가진다는 것은 뒤에 나오는 '도덕법칙'에 관한 설명을 참고하시기 바랍니다).

하지만 도덕적인 선의 보편성을 생각하기 이전에 먼저 생각해 보아야 할 것이 있습니다. 그것은 애초에 인간이 '보편성'을 가질 수 있느냐 하는 문제입니다. 이때 보편성이란 '일반적으로 말해서 ～～이다'와 같은 '일반성'과는 달리 엄밀한 의미에서의 보편성 즉, '예외 없이 모든 사람에게 꼭 들어맞는 것'을 의미합니다. 따라서 엄밀한 보편성은 필연성과 불가분의 관계에 있습니다.

내일 내리는 비도 땅을 적실까?

칸트가 살았던 시대의 영국에서는 경험을 중시하는 사상이 유행했습니다. 영국뿐 아니라 유럽 전체가 그 영향을 받고 있었지요. 칸트는 크누첸 교수를 통해 영국 철학자 존 로크의 사상을 배웠고, 후에 스코틀랜드 철학자 데이비드 흄(David Hume, 1711~1776)의 사상을 접합니다.

우리는 살아가면서 다양한 것들을 경험을 통해 배울 수밖에 없을 뿐 아니라 배움의 대부분이 경험에 의존하고 있습니다. 그러므로 경험 중시 사상에는 현실감이 있습니다. 하지만 경험이 가르쳐주지 않는 것도 있습니다. 예를 들어 오늘 비가 내려 눈앞에 쏟아지는 비와 젖은 땅을 보았다면 '오늘 비가 내려 땅이 젖은 것을 본 경험을 했다'라고 말할 수 있습니다.

하지만 경험이 '△△은 ○○이다'라는 것을 가르쳐준다고 해서 '○○ 외에 다른 가능성은 없다'는 사실까지 보증해주지는 않습니다. 내일의 일을 한 번 예상해 봅시다. 아마도 대부분의 사람은 '오늘 비가 와서 땅이 젖어 있으니 내일도 비가 오면 땅이 젖을 것이며 젖지 않을 가능성은 없다'고 생각할 것입니다. 왜 그렇게 생각하는 걸까요? 오늘 내린 비가 땅을 적셨다고 하는 경험이 내일 내리는 비도 땅을 적실 것이라는 '필연성'을 확보해 줄 수 있을까요?

시야를 조금 더 넓혀 봅시다. '비단 오늘뿐만이 아니다. 지금까지 항상 비가 내릴 때마다 땅이 젖었다. 따라서 내일 내리는 비도 땅을 적실 것이다'라고 생각해보는 것입니다. 이 생각에는 설득력이 있을까요? 백 번 비가 왔는데 그때마다 땅이 젖었다고 해서 백한 번째 비가 반드시 땅을 적실 것이라는 보장은 어디에도 없는 것이 아닐까요?

그런데도 우리는 '오늘은 비가 와서 땅이 젖었다. 그러니 내일도 비가 오면 땅이 젖을 것이며, 젖지 않을 가능성은 없다'고 생각합니다. 이처럼 우리는 매일 경험하는 일에 대해 보편성과 필연성을 생각하고 있습니다.

누구에게나 꼭 그러한 것 찾기

여기서 우리는 '우리의 판단이 잘못된 것인가' 즉, '일반성을 보편성으로 잘못 생각하고 있는 것인가' 또는 '우리에게 보편성과 필연성에 대해 논할 권리가 있기는 한 것인가' 하는 의문을 품게 됩니다. 이것이 바로 칸트가 『순수이성비판』(주로 전반부)에서 고민한 문제입니다.

이 문제는 현대 인류사회와 관련한 문제이기도 합니다. 오늘날은 사람과 물건, 정보가 국경을 넘나드는 글로벌한 시대입니다. 동시에 역사적으로 형성된 각 지역의 언어와 문화의 다양성이 중시되는 시대이기도 합니다. 만약 모든 것이 다양한 문화와 언어에 의해 서로 상대적으로 형성되었다고 한다면, 누구에게나 꼭 들어맞는 것(보편성)과 누구나 그 이외의 것을 생각할 수 없는 것(필연성)은 어디에서도 찾을 수 없을 것입니다.

칸트와 동시대를 살았던 몇몇 철학자와 현대의 많은 철학자는 이 문제를 '언어'에 대한 깊은 통찰을 통해 풀어보려고 했습니다. 하지만 칸트는 인간이 사용하는 언어가 아니라 인간의 '인식 능력'에 주목해서 이 문제를 해결하려고 했습니다. 이렇게 해야만 보편성을 끌어낼 수 있다고 생각했기 때문입니다. 애초에 언어는 베이컨이 '시장의 우상'에서 지적한 것처럼 정확히 정의되어 있다고 할 수 없으며 항상 사람들의 손때가 묻어 있으니 말이지요. 따라서 언어를 단서로 해서는 스스로 생각할 수 없게 됩니다.

3. 발상의 전환

인식은 보편성을 갖는가

논의를 정리해 봅시다. 우리의 문제는 사람이 무언가를 알 때 즉, '인식'할 때 그 인식이 보편성과 필연성을 가질 수 있는가 하는 것입니다. 이런 말을 하면 쓸데없는 고민을 한다고 생각하는 사람도 있을지 모릅니다. 우리는 어릴 때부터 2 더하기 3은 5이며, 삼각형의 내각의 합은 180도라고 배웠고, 시험에 나올 때마다 그렇게 답하면 반드시 정답으로 인정받아왔으니 말입니다.

우리의 인식 속에 보편성과 필연성을 갖는 어떤 것이 있고, 그런 인식이 어떻게 성립해 왔는가를 생각할 때 그 기원을 모두 '경험'에서 찾으려고 하면 앞에서 봤던 것처럼 보편성과 필연성을 찾을 수 없게 되어버립니다.

이 문제를 해결하기 위해 칸트가 제시한 것은 스스로 생각하는 사람에게만 찾아오는 '발상의 전환'입니다. 우리는 자신이 보거나 듣거나 만지거나 한 감각적 경험을 통해 알게 된 것을 그대로 믿어버리는 경향이 있습니다. 하지만 스스로 생각하는 사람은 그런 경험에 대해 '왜'라는 질문을 던집니다. 그것은 본 그대로, 들은 그대로를 믿는 것이 아니라 그렇게 보이고 그렇게 들리는 것을 가능하게 하는 '가능성의 차원'에 서서 다시 생각해보는 것입니다.

이러한 '발상의 전환'을 얻은 역사적인 인물로 코페르니쿠스를 떠올릴 수 있습니다. 태양을 비롯한 별들을 올려다볼 때 우리 눈에는 우리가 아니라

별들이 움직이는 것처럼 보입니다. 이것은 코페르니쿠스에게도 마찬가지였을 것입니다. 그랬기 때문에 지구를 우주의 중심에 놓고 생각하는 천동설이 그렇게 오랫동안 주류가 되어온 것이겠지요.

하지만 코페르니쿠스는 눈의 감각 그대로를 따르지 않고, 왜 그렇게 보이는지, 그렇게 보이는 것을 가능하게 하는 조건이 무엇인지를 '생각'함으로써 천동설보다도 훨씬 이치에 맞는 지동설 즉, 태양을 중심으로 놓고 생각하는 우주상을 그리게 된 것입니다.

경험에 의존한 인식 vs. 경험에 의존하지 않는 인식
이처럼 사고방식을 180도 전환시킨 코페르니쿠스를 떠올리면서 칸트는 경험에 의존하지 않고 보편성과 필연성을 갖는[칸트에 따르면 '아 프리오리(a priori)

한, '선험(先驗)적인, 경험에 앞서는] 생각이 가능하다는 사실을 자각합니다. 그것은 사고방식을 180도 전환할 것을 요구하는 것이며 '인식이 대상을 따라가는 것이 아니라, 대상이 인식을 따라가는 것'이라고 정리할 수 있습니다.

경험에 의존하지 않고 보편성과 필연성을 갖는 인식
= 아 프리오리한, 선험적 인식

가능하다능!

너무 어렵게 느껴지나요? 자, 그러면 쉽게 생각해 봅시다.

우리가 안다고 할 때 우리는 반드시 '무언가'를 아는 것입니다. 그 무언가를 '대상'이라고 부릅니다. 즉, 우리의 인식에는 반드시 대상이 있습니다. 이때 많은 사람들이 '인식이 대상을 따라간다'고 생각합니다.

예를 들어 교문 근처에 친구로 보이는 사람 A가 서 있다고 해봅시다. 이때 우리는 그를 A라고 판단하는 것이 맞고 B라고 판단하면 틀린 것이 됩니다. 우리는 A와 B를 구별하고 'A가 대상이기 때문에 A라고 인식하는 것이다'라고 생각합니다.

하지만 그 생각만으로는 충분하지 않습니다. 교문 쪽을 보고 '저 사람은 누구지?'라고 생각하다가 갑자기 'A가 대상이니까 A일 거야'라고 하는 것은 이치에 맞지 않기 때문입니다. 즉, 'A가 A니까 A이다'는 이상한 논리가 되는 것입니다. 게다가 실제로 가까이 가보니 그 사람이 A였다고 하더라도 그전부터 A를 알고 있어야만 "역시 A였네"라고 말할 수 있습니다.

그렇다면 우리가 A를 안다고 말하는 근거는 무엇일까요? 그것은 A의 자기소개를 듣거나 선생님과 친구들이 A를 소개하거나, 그 사람을 A라고 부르면 그 또는 그의 주변 사람들과 문제없이 대화할 수 있는 경험에 근거한 것에 지나지 않습니다.

이처럼 경험에 의존한 인식[칸트에 따르면 '아 포스테리오리(a posteriori)한, 경험적 또는 후험(後驗)적]에는 보편성도 필연성도 없습니다. 교문 근처에 있는 친구를 A라고 부르는 것은 사실에 지나지 않기 때문에 문제가 겉으로 드러나지 않는 것뿐이라고 말할 수 있습니다. 이렇게 보면 역시 '인식이 대상을 따라간다'라는 일반적인 생각에는 아무래도 문제가 있는 듯합니다.

경험에 의존한 인식 = 아 포스테리오리, 경험적, 후험적 인식

아 프리오리와 아 포스테리오리

칸트는 우리가 무언가를 인식할 때는 '경험에 의존하지 않는 것'과 '경험에 의존하는 것'이 있다고 생각했습니다. 이때 두 가지 중 어느 한쪽만 존재하는 것이 아니라는 점이 중요합니다. 그는 어떤 것을 인식할 때 경험에 의존하지 않는 것을 아 프리오리, 선험적 인식이라고 했고 경험에 의존하는 것을 아 포스테리오리, 후험적 인식이라고 표현했습니다. 아 프리오리는 라틴어로, '보다 앞선 것에 의거하여'라는 뜻이고 아 포스테리오리는 '보다 뒤의 것에 의거하여'라는 뜻입니다.

그런데 칸트는 아 프리오리의 의미를 보다 엄밀하게 다뤘습니다. 예를 들어 공을 손에 들고 있다가 손을 떼면 그 공이 떨어질 것이라는 사실은 실제로 해보지 않아도 알 수 있지만, 그것은 엄밀한 의미에서 '아 프리오리하게 아는 것', '선험적으로 아는 것'은 아닙니다. 공이 무겁다는 사실을 앞서 경험함으로써 공이 떨어질 것을 예측하는 것이기 때문입니다.

따라서 아 프리오리에는 '어떠한 경험에도 의존하지 않는다'는 강한 의지가 포함되어 있다고 할 수 있습니다. 칸트는, 보편성과 필연성을 보증해주는 것은 이와 같은 아 프리오리 외에는 없다고 생각했습니다. 그리고 그것을 인간 인식의 '형식'으로 보는 것이 칸트 비판철학의 중요한 관점이라고 할 수 있습니다.

대상이 인식을 따라간다

다른 예를 들어 보겠습니다. 어느 여름날 길을 걷고 있다고 생각해 봅시다. 태양이 쨍쨍 내리쬐어 도로의 아스팔트가 뜨겁습니다. 이때 우리는 태양이 아스팔트를 뜨겁게 만들었다고 생각하지요. 즉, 아스팔트가 뜨거워진 것은 태양이 내리쬐는 '원인'에 따른 '결과'라고 판단하는 것입니다.

다시 한번 태양이 내리쬐는 아스팔트에 대해 엄밀하게 생각해 봅시다. 여기서 보이는 것은 태양과 아스팔트뿐이며 어디에도 '원인-결과'를 생각할 근거는 없습니다. 그렇지 않나요? 그런데도 우리는 '태양이 아스팔트를 뜨겁게 했다'고 말하며 자연현상을 이해합니다. 이는 눈에 보이는 것만으로는 내릴 수 없는 판단입니다.

그렇다면 '원인-결과'는 어떻게 만들어지는 걸까요? 칸트는 태양이 쨍쨍 비춘다는 앞선 '원인'이 아스팔트의 표면 온도를 상승시키는 '결과'를 낳는다고 연결짓는 것이 인간 인식의 활동 방법이라고 생각했습니다.

물론 인간이 자연현상 자체를 일으키는 것은 아닙니다. 뜨거운 태양을 떠 있게 하는 것이나 아스팔트를 뜨겁게 하는 것은 인간이 일으키는 현상은 아니라는 뜻입니다. 하지만 칸트는 이 둘의 관계를 자연현상(인식해야 할 대상)으로 만드는 것은 인간의 인식 활동에 의한 것이라고 생각했습니다.

이런 논리를 따라가다 보면 경험으로 아는 자연현상을 원인과 결과로 연결 짓는 것은 인식이 하는 일이 되기 때문에 '대상이 인식을 따라가는 것'이라고 말할 수 있습니다. 이것이 칸트가 코페르니쿠스의 예를 들어 제시한 '발상의 전환'입니다.

모든 인식이 경험에서 생기는 것은 아니다

인식에서 경험에 의존하지 않는 것 즉, 선험적인(아 프리오리) 것을 찾을 수 있다고 한다면 우리는 인식에서 보편성과 필연성을 확보할 수 있습니다. 여기서 칸트는 비판철학자로서의 진가를 발휘합니다.

'비판'이라는 것은 '나누는 것'이지요. 칸트는 인식을 두 가지 요소 즉, 인식의 형식과 인식의 내용으로 나눕니다.

인식의 내용은 항상 경험에 의한 것이기 때문에 경험에 의존하는 것 즉, 아 포스테리오리한 것입니다. 그렇다고 한다면 우리가 인식에서 선험적인 것을 찾을 가능성은 인식의 형식에만 남게 됩니다.

뜨거워진 아스팔트를 생각해보면 '태양이 아스팔트를 뜨겁게 달구었다'

라는 '원인-결과'를 선험적 사고방식의 '형식'에 따라 판단한 것이라고 볼
수 있습니다.

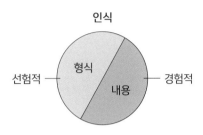

　이처럼 형식과 내용을 구별해서 형식에서 선험적인 것 즉, 보편적인 것
을 찾아내려고 하는 것이 칸트 철학의 특징 중 하나입니다. 그러므로 칸트
철학은 '형식의 철학'이라고 할 수 있습니다.
　이를 칸트가 『순수이성비판』에 쓴 문장을 통해 확인해 봅시다.

　"우리의 모든 인식이 경험과 함께 시작된다는 사실에는 의심의 여지가 없
　다. (중략) 하지만 우리의 모든 인식이 경험과 함께 시작된다고 해서 모든 인
　식이 반드시 경험에서 생기는 것은 아니다."

　이 문장에 나타난 '경험과 함께'와 '경험에서' 사이에 인식의 형식이 작용
하고 있습니다. 자세히 말하면 우리가 인식하는 모든 것은 '경험'에 의한 것
이 아니라 그 경험을 가능하게 하는 선험적인 형식이 이미 '함께' 작용하고
있다는 뜻입니다.

4. 느끼는 것과 생각하는 것

감성, 수동적으로 '느끼는' 능력

칸트는 경험과 함께 시작되는 우리의 인식을 두 가지로 나누면서 또 다른 중요한 것을 지적했습니다. 그는 경험이라는 것이 성립되기 위해서는 '느끼는 것'과 '생각하는 것'이 필요한데 이 둘은 서로 전혀 다르다는 것입니다.

다른 철학자들도 '느끼는 것'과 '생각하는 것'에 차이가 있다고 말하기는 했지만, 이 둘은 명확함의 정도가 다른 것뿐이라고 주장했습니다. 하지만 칸트는 앞서 말한 것처럼 인식 능력에 주목하면서 '느끼는 능력'과 '생각하는 능력'은 전혀 별개의 것이라고 주장합니다. 그렇다면 느끼는 것과 생각하는 것은 어떻게 다를까요?

우리가 무언가를 느낄 때 우리 의식에는 변화가 일어납니다. 느끼는 것은 수동적인 일입니다. 예를 들어 차가운 아이스크림을 한입 먹었을 때 '차갑다'고 느끼는 것은 그 한입의 아이스크림에 의존해서 생기는 감각이고, 우리가 스스로 차갑다는 감각을 만들어낼 수는 없습니다.

이와 마찬가지로 창문 밖에 펼쳐진 풍경을 바라볼 때 눈에 보이는 감각은 풍경에 의존합니다. 우리는 그냥 풍경을 받아들이는 것 즉, 수용하는 것뿐입니다. 이처럼 '느끼는 능력'은 수동적이고 수용적인 능력인데 칸트는 이것을 '감성'이라고 불렀습니다.

감성은 수동적입니다. 그러므로 스스로는 어떻게 할 수 없습니다. 감성

에는 우리 의지로는 어떻게 할 수 없는 것 두 가지가 있습니다.

그중 하나는 공간 의식입니다. 우리는 우리 외부의 것을 느낄 때 공간 의식과 함께하며 하나의 공간 안에서 '자기 자신'과 '자신에게 영향을 주는 것'이 일정한 거리를 두고 있다는 것을 의식합니다. 이 거리감이라고 하는 형식을 없앨 수는 없습니다. 아침에 학교까지 걸어가는 것이 힘들다고 해서 집에서 교문까지의 거리를 스스로 좁힐 수는 없는 것처럼 말입니다.

또 다른 하나는 시간 의식입니다. 우리는 시간적으로 과거와 미래를 인식할 수 있지만 과거(로 인식되는 것)를 없었던 것으로 만들 수 없으며, 미래(로 인식되는 것)를 이미 있는 것으로 만들 수도 없습니다. 그리고 시간의 순서를 바꿀 수도 없습니다. 이 불가항력적인 형식을 없앨 수는 없는 것입니다. 친구와 싸운 과거로 돌아가서 싸움을 없었던 일로 하고 싶다거나 여름방학이 시작된 두 달 전으로 돌아가고 싶다고 해도 그것은 불가능합니다.

이렇게 우리의 능력으로는 어떻게 할 수 없는 것을 수동적인 '필연성'이라고 바꿔서 말할 수 있습니다. 앞서 말한 것처럼 필연성과 보편성은 후험적 즉, 아 포스테리오리로는 인식할 수 없는 것입니다. 그렇다면 '공간' 의식과 '시간' 의식이라는 것은 감성이라는 인식 능력이 활동할 때의 아 프리오리한 형식이라는 사실을 알 수 있습니다.

오성 - 자발적으로 '생각하는' 능력

한편 생각할 때 우리는 스스로 자신의 의식에 변화를 가져옵니다. 우리에게 어떤 생각이 떠오를 때 그것은 외부의 자극을 통해서 발생하는 것이 아니라 자연발생적(자발적)으로 나타나는 것입니다.

앞의 예를 다시 생각해보면 태양이 내리쬐어 도로의 아스팔트가 뜨거워진 것을 보고 우리는 '왜 아스팔트가 뜨거워졌을까?' 하고 생각할 때가 있습니다. 이때 '보았다'고 해서 항상 '생각'하는 것이 아니라는 사실을 볼 때 '생각하는 것'은 능동적이라는 것을 알 수 있습니다. 이처럼 '생각하는' 것은 자발적이고 능동적인 능력입니다. 칸트는 이 능력을 '오성'(번역에 따라서는 '지성'이라고도 합니다)이라고 불렀습니다.

오성은 능동적입니다. 하지만 그렇다고 해서 뭐든지 자기 마음대로 생각할 수는 없습니다. 고등학교에 재학 중인 학생이 학기 중에 공부하기 위해서 매일같이 다니는 장소를 '학교'라고 파악하고, 물건을 사기 위해 들르는 장소를 '편의점'이라고 파악하고 있다고 해봅시다.

이때 우리는 '학교'와 '편의점'을 생각하기 위한 규칙으로 사용합니다. '학기 중에 공부하기 위해서 매일같이 다니는 장소'를 어떤 때는 '학교'로, 어떤 때는 '편의점'으로 생각하는 사람이 있다면 그 사람은 '학교는 무엇인가'

라는 생각을 할 수도 없고, '물건을 사기 위해서는 어디로 가야 하는가' 하고 생각하는 것 또한 어려워질 것입니다. 우리는 이처럼 생각하기 위한 사고의 규칙을 '개념'이라고 부릅니다.

순수오성개념, 오성이 낳는 12가지 개념

그렇다면 우리는 생각하기 위한 규칙과 재료가 되는 '개념'을 어디에서 얻었을까요? 칸트보다 앞선 시대를 살았던 로크는 그 기원을 '경험을 통해서' 얻을 수 있다고 주장했습니다. 일리 있는 주장입니다. 우리는 TV에서 보거나, 수업시간에 듣거나, 스스로 만져본 경험을 통해 다양한 개념과 이미지를 얻기 때문입니다.

하지만 '원인-결과'라는 개념은 어떨까요? 이것은 앞서 선험적 인식의 형식이라고 지적한 바 있습니다. 칸트는 이처럼 선험적 개념이 '자발적으로 사고하는 능력인 오성'에 의해 생긴다고 주장했습니다. 그리고 그런 개념(순수오성개념)에는 모두 12가지가 있다고 주장하고 그것들을 아리스토텔레스가 했던 것처럼 카테고리라고 이름 지었습니다. 이렇게 칸트는 '순수오성개념(카테고리)'을 선험적 형식에 놓았습니다.

순수오성개념의 12카테고리

칸트는 인간의 인식에 필요한 감성과 오성에 대한 선험적 형식을 찾아냈습니다. 감성의 형식은 시간과 공간이고, 오성의 형식은 순수오성개념이라는 것입니다. 또한 칸트는 이것이 12가지라고 말합니다.

양의 카테고리 단일성, 다수성, 총체성
질의 카테고리 실재성, 부정성, 제한성
관계의 카테고리 속성과 실체, 원인성과 의존성, 상호성
양상의 카테고리 가능성-불가능성, 현실성-비현실성, 필연성-우연성

칸트가 카테고리라는 표현을 사용할 때 염두에 두었던 아리스토텔레스는 처음에 카테고리가 10개 있다고 주장했는데 후에 그 개수를 늘렸습니다. 아리스토텔레스의 이러한 방법이 불안정하다고 생각한 칸트는 다음과 같은 방법으로 순수오성개념을 끌어냈습니다.

우리가 찾고자 하는 것은 '생각할 때'의 형식입니다. '생각할 때' 우리는 '판단'을 합니다. 그렇다면 '판단'의 형식은 몇 가지가 있을까요? 그것은 고전적인 논리학에 따르면 12개입니다. 칸트는 그 12개의 판단형식에서 12개의 순수오성개념을 이끌어낸 것입니다.

하지만 여기서 문제가 생깁니다. '느낄 때'의 형식이 시간과 공간이라는 사실은 별다른 위화감 없이 받아들일 수 있습니다. 우리가 무언가를 느낄 때 그것은 '언제', '어디에서' 발생하기 때문입니다. 하지만 '생각할 때'의 형식이 12가지가 있으며 그것이 실제로 우리의 인식을 구성하고 있는 것이라고 하면 정말로 그런가 하는 의구심이 생깁니다.

칸트 또한 이런 의문에 사로잡혔습니다. 그는 『순수이성비판』을 완성하기까지 오랫동안 거의 아무런 작품도 발표하지 않았는데, 이 문제를 풀기 위해 고심했던 것 같습니다. 그리고 마침내 간행된 『순수이성비판』에서 순수오성개념이 현실적이라는 것을 설명하기 위해 '순수오성개념의 초월론적 연역'이라는 부분을 썼습니다.

보기만 해도 어려워 보이는 제목을 가진 이 부분은 『순수이성비판』 안에서도 가장 어려운 부분이어서 독자들을 곤혹스럽게 합니다. 설령 여러분이 이 부분을 한 번 읽고서 무슨 말인지 모른다고 하더라도 그것은 이상한 일이 아니며 여러분이 자신감을 잃을 만한 일도 아닙니다. 칸트 역시 오랫동안 고심했던 어려운 문제를 다루고 있기 때문입니다. 칸트 자신도 제1판을 발행했을 때 이 부분에 대해서 만족하지 못했기 때문에 제2판을 발행했을 때 새롭게 고쳐 썼습니다.

우상을 떨쳐버리고 생각할 가능성

이처럼 칸트는 감성과 오성 각각에서 선험적 형식을 이끌어냈습니다. 그리고 인식의 선험적 형식이 '경험과 함께' 작동함으로써 경험과 인식 대상의 관계를 '인식이 대상을 따라가는 것이 아니라 대상이 인식을 따라가는 것'이라는 말로 정리해서 표현했습니다. 이를 통해 칸트의 코페르니쿠스적 발상의 전환을 엿볼 수 있습니다.

선험적인 것이란 보편성과 필연성을 가진 것을 말합니다. 따라서 칸트는 인간의 인식 능력에서 선험적인 형식을 이끌어냄으로써 우리 인식이 보편성과 필연성을 가질 수 있다는 사실을 분명히 한 것입니다. '생각하는 것'만을 끌어낸다 하더라도 오성에 선험적인 형식이 있는 이상 우리는 자신의 오성을 사용함으로써 보편적인 사고의 세계에 참가할 수 있습니다.

사실 우리가 생각할 때 사용하는 많은 개념은 경험적인 것으로, 베이컨이 우려했던 것처럼 우상에 빠진 것일지도 모릅니다. 우리는 그런 우상을 완전히 떨쳐버리고 보편적으로 생각할 수는 없지만 스스로 열심히 생각하는 것을 통해 비로소 보편적으로 생각하는 일을 시작할 수 있습니다.

5. 의지의 자유를 구출하라

의지에 원인이 있다면

우리 인식이 보편성과 관련되어 있다는 사실이 분명해졌기 때문에 이제 더 이상 아무 문제 없이 도덕적인 선의 보편성을 논할 수 있을 것 같습니다. 그런데 또 다른 문제가 우리를 가로막습니다. 그것은 "모든 일은 시간적으로 선행하는 '원인'에 의존하는 '결과'이다"라는 생각입니다.

어느 해 여름 이례적인 집중호우가 쏟아졌다고 가정해 봅시다. 우리는 그것을 고기압, 저기압, 전선, 또는 태풍의 영향이라는 '원인'에 따른 '결과'로 이해할 것입니다. 만약 어떤 일의 '결과'가 '원인' 없이 발생했다고 한다면 그것은 '기적'이라고 불러야 마땅합니다. 근대 자연과학은 그런 기적을 자연현상의 세계에서 배제해왔습니다. 칸트 철학은 이와 같은 자연과학이 어떻게 가능한지를 분명히 한 측면도 있습니다.

그런데 우리가 의지로 결정한 일의 경우에도 '원인'이 있을까요? 그렇다면 이 결정은 그 '원인'에 의존하는 것입니다. 이는 의지의 자유를 부정하는 생각입니다. 의지로 결정된 일을 이해한다는 것이 그 원인을 이해하는 것이 되어버리므로 그 의지는 원인에 의존한, 부자유한 의지가 되는 것입니다.

반대로 의사결정에 원인이 전혀 없다고 한다면 그것은 의사결정이 기적이라고 말하는 것과 같습니다. 의사결정이 기적으로밖에 실현되지 않는다면 우리는 그것을 포기하는 것과 다를 바 없지요.

사실 칸트가 직면하고 있는 이와 같은 문제는 살아가면서 우리가 일상적으로 느끼고 있는 것이기도 합니다. 소비를 부추기는 오늘날의 사회는 거액의 광고비를 투자함으로써 사실은 갖고 싶지도 않은 것, 냉정하게 생각하면 꼭 필요한 것이 아닌 것을 욕망하게 하고, 그것이 없으면 안 될 것 같은 생각을 주입시키는, 욕망을 확대재생산하는 사회입니다. 우리가 뭔가를 사고 싶다는 생각이 든다면 그것은 마치 물이 높은 곳에서 낮은 곳으로 흘러가듯 우리 마음이 그리로 기울도록 만드는 광고 때문인지도 모릅니다.

하지만 그렇다면 의지의 자유 따위는 없는 것이 되어 버립니다.

칸트보다 앞선 시대에 살았던 홉스(Thomas Hobbes, 1588~1679)와 스피노자(Baruch de Spinoza, 1632~1677) 같은 철학자들은 의지의 자유를 부정했습니다. 그렇다면 칸트는 그런 철학자들의 주장을 받아들이는 걸까요?

칸트는 자유의지가 없으면 '가장 선한 것'으로 가는 길이 막힌다고 생각했습니다. 여기서 우리는 의지의 자유와 행동의 자유를 구별해야 합니다. 후자는 우리가 무언가를 행하려고 할 때 그것을 저지하고 억제하는 것이 없는 상황을 가리킵니다. 이것은 물리 수업에서 '자유낙하'라고 말할 때의 '자유'와 같습니다.

끝없는 원인 찾기

자유낙하 하는 물체에 책임을 물을 수 없는 것처럼 막을 수 없이 일어난 행동에는 책임을 물을 수 없습니다. 신경쇠약자에게 형법상 책임을 물을 수 없는 것처럼 말입니다. 오히려 자유로운 의지에 근거하여 행동했을 때 우리는 그것을 행한 사람에게 책임을 묻습니다.

하지만 칸트는 모든 사건(A)이 그것에 시간적으로 선행하는 원인이 있어야 한다고 했습니다. 이때의 '원인' 또한 어떤 사건(B)이기 때문에 그것의 원인도 존재할 것입니다. 이런 식으로 생각하다 보면 A→B→……로 끝없이

'원인'만을 찾아야 할 것입니다. 게다가 A→B→……라고 하는 '원인−결과'의 반복도 왜 반복되는지 묻다 보면 끝없는 늪에 빠지게 됩니다. 불가사의한 일이 아닐 수 없습니다.

결국 다른 어떤 것에도 의존하지 않고 '이것이 제1의 원인이다'라고 할 수 있는 지점이 있어야 합니다.(주장1)

그렇다면 어떠한 원인에도 의존하지 않는 자유가 있을까요? 만약 있다면 우리는 인과론적 질서에 지배당하지 않는 사건을 생각할 수 있습니다. 그런데 이렇게 되면 근대 자연과학이 배제한 '기적'으로 되돌아가버리는 것일 수 있습니다. 자연과학의 세계를 혼란스럽게 만드는 생각이 되는 것이죠.

다른 어떤 것에도 의존하지 않고 '이것이 제1의 원인이다'라고 하는 지점을 생각하는 것은 역시 불가능한 일이 아닐까요?(주장2)

여기서 한번 생각해 봅시다. 주장1과 주장2 모두 일리가 있다는 생각이 들지만, 이 두 주장은 양립할 수 없어 보입니다. 세상에는 어떤 시초가 되는 원인으로서의 자유가 있다고 하는 주장1과 세상에 그런 자유는 일절 없다고 말하는 주장2는 모순되기 때문입니다. 어째서 이런 모순이 생기는 걸까요?

앞에서 예로 든 집중호우처럼 그 원인이 기압배치에 있다고 간단히 생각하면 이런 모순은 발생하지 않습니다. 원인의 원인이 계속해서 이어질 때 모순이 일어나는 것입니다. 이때 생각을 하는 것은 앞서 말한, 생각하는 능력으로서의 오성이 아닙니다. 여기서 작용하는 것은, 『순수이성비판』이라는 책 이름으로도 쓰인 '순수이성'입니다.

이성, 추리하고 원인을 구하는 능력

생각하는 능력은 두 가지로 나눌 수 있습니다. '느끼는 것'을 통해 얻은 감각과 '그것은 무엇인가' 또는 '그것이 왜 일어나는가' 하고 생각하는 오성입니다.

예를 들어 어느 날 밤 갑자기 지붕을 내리치는 듯한 굉음이 들렸다고 해봅시다. 우리는 폭우가 내리기 시작했다고 생각하면서 그 이유를 태풍이 가까이 왔기 때문이라고 판단할지도 모릅니다. 이럴 때 '생각'을 하는 것은 오성입니다. 오성이 호우와 태풍 같은 사고의 규칙(개념)을 사용해 굉음을 발생시킨 자연현상을 이해하는 것입니다.

하지만 앞서 말한 것처럼 이런 자연현상의 원인의 원인을 끝없이 유추하다가 결국에는 더 이상 거슬러 올라갈 수 없는 것(무조건적인 것, 원리)을 생각하거나, 애초에 '원인－결과'로 이루어진 자연이 왜 존재하는 것일까 하고 생각할 때 우리는 오로지 이유를 묻고 또 추리를 합니다. 이처럼 추리하고 원리를 찾는 능력을 칸트는 '이성'이라고 불렀습니다. 또한, 이러한 묻고 추리하는 일이 느낌을 통해 주어지는 세계를 넘어선다는 점에서 '순수이성'이라고 불렀습니다.

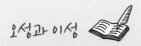

오성과 이성

『순수이성비판』은 감성·오성·이성이라고 하는 인간의 인식 능력에 대해 다룹니다. 이때 수동적인 능력인 감성은 별도로 하고, 오성과 이성의 관계를 어떻게 정립해야 할지가 까다로운 부분입니다.

책 제목인 '순수이성'이 오성과 이성 모두를 포함한다고 생각한다면 '이성'이라는 용어에는 넓은 의미와 좁은 의미가 있다는 뜻이 됩니다. 넓은 의미에서의 이성은 감성과 대립해서 자발적으로 사고하는 능력이며, 좁은 의미에서의 이성은 추리에 의해 원리를 묻고 찾아내는 능력입니다. 오성의 활동에 의해 순수한 사고의 규칙인 순수오성개념(카테고리)이 생겨나는 것처럼 (좁은 의미에서의) 이성의 활동에 의해 즉, 추리하고 원인을 구하는 활동에 의해 순수이성개념이 생겨납니다.

이런 개념을, 칸트는 고대 그리스 철학자인 플라톤(Plato, 기원전 427~347)의 이데아

(Idea)에서 따와 '이념(이데)'이라고 이름 붙였습니다. 이성이 만들어낸 이념은 '영혼', '세계', '신'입니다. 우리가 여기서 문제 삼고 있는 자유를 칸트는 '세계'를 논하면서 다룹니다.

『순수이성비판』에서 좁은 의미에서의 이성에 기반을 둔 이념에 대해 논하는 것을 '초월론적 변증'이라고 부르는데, 이것은 오성에 기반을 둔 개념과 원칙을 논하는 '초월론적 분석론'과 쌍을 이룹니다. 또한 초월론적 분석론은 인간 인식을 통한 진리의 가능성을 밝히고 있다는 점에서 '진리의 논리학'이라고 불리며 초월론적 변증론은 인간 이성에서 불가피한 오류가 발생하는 논리와 그것을 간파하는 논리를 분명히 한다는 점에서 '가상의 논리학'이라고 불립니다.

이성은 질문을 멈추지 않는다

주장1과 주장2 모두 이성의 추리에 기반한 것이었습니다. 따라서 여기서 모순을 일으키고 있는 것은 이성 자체이며, 이성의 자기모순이 발생하고 있다고 할 수 있습니다. 칸트는 이러한 사태를 '순수이성의 이율배반(안티노미, antinomy)'이라고 이름 붙였습니다. 이 이율배반을 해결해야만 자유와 자연을 양립하게 할 가능성이 주어진다는 점에서, 이것을 해결하려고 노력하는 일은 자유의 구출 작전을 펼치는 것과 같다고 할 수 있습니다.

이율배반을 해결하기에 앞서 자기모순을 일으키는 곳에 이르기까지 깊이 생각하고 질문을 던졌던 이성의 능력에 대해 다시 한번 생각해 봅시다.

만약 이성이 '왜'라는 질문을 중간에 멈췄다면 이성은 자신이 일으킨 모순에도 직면하지 못했을 것입니다. 하지만 이성은 질문을 중단하지 않습니다. 중단하는 것은 속이는 것입니다. 여기서 이성의 성격 중 하나가 드러납니다.

칸트는 이성적으로 생각하는 것을 '언제나 자기 자신과 일치하여 생각하는 것'이라고 말했습니다. 이성적으로 생각하는 것은 성실하게 생각하는 것이며 그 점에서 이성은 어중간하게 생각을 멈추는 태도와는 무관합니다.

우리는 칸트와 함께 이성적으로 끝까지 물음으로써 이율배반 문제를 해결해야 합니다. 이성의 자기모순을 내버려 두는 것은 이성 자체를 포기하는 것과 같기 때문입니다.

b. 이성의 자기모순 극복

물(物) 그 자체와 현상 나누기

칸트는 앞서 우리가 직면한 이성의 자기모순을 해결할 방법을 이미 준비하고 있었습니다. 주장1과 주장2의 모순은 자유와 자연이 양립할 수 없다는 것을 뜻하는데, 이때 자연은 무엇일까요?

발상의 전환으로 밝혀낸 '대상이 인식을 따라간다'는 생각에 따르면 자연이란 인간의 인식 능력인 감성과 오성이 가지는 선험적 형식에 의해 틀지어진 자연현상 전체를 뜻합니다. 우리가 인식할 때는 항상 이 형식이 먼저 활동하는 것이지요. 따라서 우리는 자연현상이 아닌 것을 인식할 수 없습니다. 이것은 인간이 물(物) 그 자체를 인식할 수 없다는 것을 뜻하기도 합니다. 한편 우리는 현상을 의식하면서도 '어떤 현상이 일어나고 있다, 무언가가 나타났다'고 '생각'하는 것을 피할 수 없습니다. 그래서 칸트는 그 '무언가'를 물 그 자체라고 함으로써 현상과 구별 짓고, 인간의 인식대상은 '현상'이며 '물 그 자체'가 아니라고 주장하는 것입니다.

우리가 자유를 잃어버린 세계는 우리의 인식 능력을 바탕으로 그려낸 현상의 세계에 지나지 않습니다. 그것은 물 그 자체의 세계가 아니지요. 그런데 현상의 세계에 자유가 인정되지 않는다고 해서 자유가 전혀 인정받지 못한다는 뜻은 아닙니다. 왜냐하면, 물 그 자체의 세계에서 그것이 인정받을 가능성이 남아 있기 때문입니다. 이렇게 하면 주장2가 주장1을 완전히 배제하지는 않는 것이기에 이율배반을 해결할 수 있습니다.

이처럼 칸트는 현상과 물 그 자체를 나눔으로써 '현상의 세계'와 '물 그 자체의 세계'를 구별해서 자유를 구출할 가능성을 시사했습니다. 하지만 이것은 어떻게 보면 좀 억지스러워 보이기도 합니다. 세계를 하나[일중(一重)]로 보기 때문에 모순이 생긴다면 세계의 모습을 둘[이중(二重)]로 여기면 모순을 피할 수 있다고 말하는 것처럼 보이니 말입니다.

여러분은 애초에 세계가 두 개라고는 생각할 수 없다고 말할지도 모릅니다. 여기서 칸트의 논리에서 벗어나서 세계를 이중으로 보는 방법에 대해 생각해 봅시다.

과거의 세계와 미래의 세계

우리는 자연을 자유가 없는 세계라고 생각했습니다. 그것은 이미 발생한 사건(자연현상)에는 시간적으로 선행하는 원인이 있으며 모든 사건이 그 원인에 의존하고 있기 때문입니다. 이것은 감성에 관해 설명한 부분에서 언급한, 느끼는 일의 '어쩔 수 없음'과 밀접한 관련이 있습니다.

이미 일어나고만 사건의 세계, 그것을 과거의 세계라고 부를 수 있다면 이것은 어쩔 수 없는 세계 즉, 자유가 없는 세계입니다. 우리는 세계를 생각하는 이러한 사고방식을 미래에도 적용하여 미래도 어쩔 수 없는 세계라고 생각해야 할까요? 미래 또한 분명히 시간 의식의 하나이지만, 그것은 '아직 오지 않은' 것이며 그 미래로 여겼던 시점에 이르렀다 해도 무슨 일이 일어날지는 정해져 있지 않습니다.

우리가 알고 있는 것은 그 시점에서 무슨 일이 일어난다면 그 사건에는 반드시 시간적으로 앞서는 원인이 있을 것이라는 사실밖에 없습니다. 하지만 그 사건 자체가 정해지지 않기 때문에 무엇이 어쩔 수 없는 것인지도 논할 수 없지요. 그렇다면 자연 세계란 시간을 미래로 인식했을 때 생각할 수 있는 세계라고 부를 수 있을지도 모릅니다.

더 나아가 과거의 어떤 시점도 그것에 앞서는 시점에서 봤을 때는 미래이기 때문에 그 시점에서 무슨 일이 일어날지 또는 누가 어떤 사건을 일으킬지는 정해져 있지 않았던 것이 됩니다. 그러므로 우리는 어떤 범죄 행위를 한 범인에게 "당신은 그런 짓을 하지 않을 수도 있었다"라고 말하며 그 행위에 대한 책임을 묻는 것입니다. 칸트 또한 이와 비슷한 예를 들었습니다.

어떤 사람이 악의를 가지고 거짓말을 해서 사회를 혼란에 빠뜨렸다고 해

봅시다. 그런데 그 사람의 성장 과정을 조사하다가 그가 충분한 교육을 받지 못했고 주변에 어울릴 만한 사람이라고는 나쁜 친구들밖에 없었다는 사실을 알았다고 칩시다. 이런 환경으로 인해 그가 나쁜 짓을 하는 데에 대한 수치심도 느끼지 않고, 어떤 행동을 하기에 앞서 깊이 생각하지 않는 사람으로 자랐다는 사실을 알았다고 해도 우리는 그에게 악의적인 거짓말을 한 것에 대한 책임을 묻습니다. 왜냐하면, 그 거짓말과 그것으로 인해 발생한 사회적 혼란은 바로 그 사람으로부터 시작되었기 때문입니다.

이처럼 현상과 물 그 자체를 구별하고 세계의 모습을 둘로 나눔으로써 칸트는 자유를 생각할 가능성을 확보했습니다. 선악의 기초가 되는 자유에 대해『순수이성비판』이 생각한 것은 여기까지입니다.

그런데 여기서 구출된 자유는 현실적인 것일까요? 과거는 어쩔 수 없는 것임을 통해 그것이 현실이라는 것을 알 수 있습니다. 하지만 미래의 세계에 대해서 과거와 같은 정도의 현실성을 이끌어낼 수 있을까요? 그것은 어려운 일일지도 모릅니다. 그렇다면 칸트의 자유 구출 작전은 현실적인 자유의 확보에는 미치지 못한 것이 됩니다. 그것을 완수하기 위해 우리는 실천의 철학으로 나아가지 않으면 안 됩니다.

신의 현존재 증명 문제

『순수이성비판』에서 논의된 좁은 의미에서의 이성(순수이성)이 비판받을 때 중심 주제로 떠오르는 것은 '자유' 외에도 '영혼 불사'와 '신의 현존재 증명' 등이 있습니다.

칸트는 전통적으로 여러 가지 방식으로 논증되어 온 '영혼 불사'(육신은 사그라져도 영혼은 없어지지 않는다는 생각)의 문제는 인간 이성이 잘못된 추리를 했기 때문에 발생한 것이라고 주장했습니다. 또한 '신의 현존재'에 대해서는 중세에 시도된 다양한 증명들이 모두 성립되지 않는다고 주장했습니다. 그 주장의 배경에는 언제나 현상과 물 자체의 구별이 있었습니다. '영혼 불사'와 '신의 현존재'는 현상으로서 대상화할 수 없기 때문입니다.

하지만 기독교 세계에 살면서 이러한 주장을 공표하는 것은 위험을 동반하는 일이었을 것입니다. 실제로 칸트 사상을 알고 있던 사람들이 봤을 때 그의 주장은 칸트가 정말로 자신들과 같은 신을 믿고 있는 것인가 하는 의구심을 갖게 했던 것 같습니다. 그리고 앞서 말한 프리드리히 빌헬름 2세 시대에 베르나라는 보수적인 정치가도 그를 적대시했습니다.

그렇다고 칸트가 신의 현존재 증명을 모두 단념한 것은 아니었습니다. 그는 도덕을 근거로 하여 다른 증명 방법을 찾으려 했습니다. 이 증명은『실천이성비판』에서 전개됩니다.

제3장
'선하게 사는 것'은
어려운 일일까?

『실천이성비판』을 읽다

쾨니히스베르크의 대성당(폐허). 이곳에 칸트의 묘소가 있다. 촬영 당시에는
제2차 세계대전 때 입은 피해를 복구하는 중이었는데 현재는 복구가 완료되었다.

1. 선과 악을 나누는 것

일상에서 일어나는 선악

선하게 사는 것이 무엇인지 이야기하겠다고 하면 얼마나 멋진 이야기가 펼쳐질까 기대하는 이도 있을 것이고, 반대로 위선에 가득 찬 설교가 시작될까봐 꺼리는 이도 있을 것입니다. 하지만 여기서 여러분에게 전하고자 하는 것은 절대 거창한 이야기가 아닙니다. 누구에게나 밀접하게 관련이 있고, 그래서 스스로 생각하려 애쓰는 사람이라면 더욱 진지하게 고민해봐야 할 문제에 관해 이야기해 보려 합니다.

철학자들이 선악에 대해 어떻게 논했는지 전혀 모른다 하더라도 여러분은 이미 선과 악을 알고 있습니다. 쓸쓸해 보이는 친구에게 다정하게 말을 건네는 다른 친구를 보면 착하다는 생각이 들지요. 반대로 누군가를 따돌리는 친구를 봤을 때 너무 심한 것이 아닌가 하는 생각도 듭니다. 또 누군가는 친구에게 가식적으로 대한 것을 반성하며 사실은 미움받고 싶지 않아서 그렇게 했을 뿐이라며 양심의 가책을 느끼기도 하지요. 이처럼 우리는 일상에서 이미 선과 악에 관한 생각을 지니고 있습니다.

'선을 행하라, 악을 행하지 말라'

하지만 선악에 대해 좀 더 깊이 생각하다 보면 '선악에 보편성이 있는가, 있다면 어떻게 존재하는가', 또는 '도덕적인 선이 보편적이라면 왜 나쁜 일을 하는 사람이 있는 것일까' 하는 궁금증에 사로잡힙니다. 칸트 또한 이러한 물음에 대해 깊이 고민한 철학자였습니다.

이런 문제의 출발점으로 칸트가 의식하고 있는 것 가운데 하나는 철학자 바움가르텐(Alexander Gottlieb Baumgarten, 1714~1762)의 주장입니다. 칸트는 쾨니히스베르크 대학에서 도덕철학 강의를 할 때 바움가르텐이 라틴어로 쓴 책을 교재로 사용했습니다. 이 책에는 도덕의 제1원칙으로 "선을 행하라, 악을 행하지 말라"는 말이 나와 있었지요. 하지만 칸트는 이를 납득할 수 없었습니다. 이 말은 선을 행하는 것은 선한 일이며, 악을 행하는 것은 악한 일이라고 말하는 것에 불과했기 때문입니다.

구체적으로 생각해 봅시다. 우리는 어렸을 때부터 거짓말을 하면 안 된다는 말을 들었습니다. 하지만 왜 거짓말을 하면 안 되는 걸까요? 이 질문을 어른들에게 던지면 "거짓말을 하는 것은 나쁜 일이니까 그렇지."라고

대답할 겁니다. 다시 "그럼 거짓말을 하는 게 왜 나쁜 일인데요?"라고 물으면 "나쁜 일은 말이지, 해서는 안 되는 일이기 때문이야."라고 대답할 것입니다. 이것은 바움가르텐의 '악을 행하지 말라'는 주장과 별반 다를 게 없습니다.

　곰곰이 생각해보면 "왜 거짓말을 하면 안 돼요?"라는 질문에 대해 주어진 대답은 '해서는 안 되는 일이니까'라는 것밖에 없습니다. 여러분은 이 대답을 납득할 수 있나요? "안 되는 건 안 되는 거야."라는 말은 누구나 들어봤을 것입니다. 하지만 이런 대답으로는 아무것도 설명할 수 없습니다.

'선한 일'과 '위선'은 어떻게 다를까?

이제 칸트와 함께 선과 악을 나누는 것에 대해 생각해 봅시다. 이때 첫째

단서가 되는 것은 우리가 종종 접하는 '위선'이라는 단어입니다. 봉사활동을 하는 경우를 떠올려 보세요. 봉사활동은 개인의 의지를 바탕으로 타인의 행복을 위해 무언가 실행하는 것입니다. 커다란 자연재해를 당한 사람들을 돕는 일이나 노인 복지센터에서 어르신의 대화 상대가 되어주는 일 등이 봉사활동에 해당하죠.

그런데 때때로 봉사활동을 진학이나 취직을 위한 수단으로 이용하는 사람이 있습니다. 그런 사람들은 '위선자'라는 말을 듣기도 합니다. 하지만 사실 그런 의도를 가지고 있다고 해서 그들이 절대 나쁜 일을 하는 것은 아닙니다. 오히려 그들로부터 도움을 받는 사람도 있게 마련이죠. 하지만 같은 봉사활동이라는 이름 아래 행해지는 일이 어떤 의지를 바탕으로 행해지느냐에 따라서 '선'이라고 불리기도 하고 '위선'이라고 불리기도 합니다.

따라서 선악을 논할 때는 어떤 사람의 행동과 그 결과가 아니라 행동을 불러일으킨 의지가 문제가 된다는 사실을 알 수 있습니다. 의지를 가진 행동을 '행위'라고 하는데 행위를 선과 악으로 나누는 것이 바로 '의지'의 방향입니다.

선한 의지만이 무조건적으로 선하다

칸트의 첫 실천철학 저서인 『도덕 형이상학의 정초Grundlegung zur Metaphysik der Sitten』 제1부 앞부분을 인용해 보겠습니다.

"세계 어느 곳에서나, 아니 설령 세계를 벗어난 곳이라 하더라도 무조건적으로 선하다고 할 수 있는 것이 있다면 그것은 선한 의지뿐이며 그것 외에는 생각할 수 없다."

칸트는 '무조건적'인 선은 '선한 의지'뿐이라고 주장했습니다. 그는 보편적인 선과 함께 보편적인 선악의 기준을 탐구했는데, 선 역시 '선한 의지'에서만 발견할 수 있다고 했습니다. 왜냐하면 칸트가 추구하는 엄밀한 보편성은 필연성과 불가분의 관계에 있으며 필연성은 무조건적인 것에서만 찾을 수 있기 때문입니다.

하지만 이 인용문을 이해할 때 주의해야 할 점이 있습니다. 이 문장은 '만약 무조건적으로 선한 것이 있다면 그것은 선한 의지뿐이다. 왜냐하면 선한 의지를 나쁜 것으로 바꿀 것은 아무것도 없기 때문이다'라는 뜻입니다.

의지 외의 것은 그 사람의 의지에 따라서 나쁜 것으로 바뀌는 경우가 있습니다. 잘 드는 칼이 흉기가 되기도 하고, 좋은 두뇌가 완전범죄의 도구가 되기도 하는 것처럼 말입니다. 하지만 그러한 변화를 일으키는 것은 의지이기 때문에 의지 그 자체가 선하다면 그것을 악으로 바꿀 것은 아무것도 없습니다.

또한, 여기서 말하는 '선한 의지'는 '선의(善意)'를 말하는 것이 아닙니다. 선의란 타인을 위한 것이고 '선한 의지'는 선할 수도 있고 악할 수도 있는 의지이지만 그것이 선한 경우를 말합니다. 이 인용문에서 칸트가 '사람이라면 누구에게나 선의가 있다'고 주장하고 있다고 오해해서는 안 됩니다.

2. 의지에 대한 물음

의지란 무엇인가?

칸트가 선악을 논하면서 중요하게 생각했던 것은 의지의 상태입니다. 그렇다면 의지란 무엇일까요? 우리는 흔히 'A는 의지가 있다'라고 말합니다. 이때 '의지가 있다'는 것은 심장이나 대뇌 같은 장기가 있다는 뜻과는 다르다는 사실만은 분명합니다. 의지는 눈에 보이는 무언가가 아니기 때문입니다. 'B에게는 의지가 없다'라고 말할 수도 있다는 사실을 생각해보면 '의지가 있다'라는 말의 뜻이 더욱 분명하게 드러날 것입니다.

먼저 A는 스스로 '결정'할 수 있는 사람이며 B는 스스로 '결정'할 수 없는 사람을 뜻합니다. 그리고 A는 스스로 '결정'한 것을 자신의 '규칙'으로 삼고 그것을 따를 수 있는 사람이겠지요. 예를 들어 매일 영어를 두 시간씩 공부하려고 결정하고 그것을 실천하고 있는 사람은 의지가 있다고 할 수 있습니다.

반대로 같은 것을 '결정'했다고 하더라도 전혀 실행하지 않는 사람을 보면 어떤 생각이 들까요? 처음에는 의지가 약한 사람이라고 생각하다가 점점 그것이 정말로 그 사람 스스로 정한 일인가 하는 의문을 품게 될 것입니다. 이런 예를 통해 '의지가 있다'는 것은 스스로 '결정'한 것이 자신의 '규칙'이 되는 것이라는 사실을 알 수 있습니다.

칸트는 자기 스스로 정한 '규칙'을 '격률(格率)'이라고 불렀습니다. 이때 그는 이성이 있는 사람이라면 누구라도 격률을 가질 수 있다고 생각했습니다. 왜냐하면 앞서 살펴본 것처럼 이성은 원리를 추구하는 능력이자 추리하는 능력이므로 스스로의 '규칙'을 원칙으로 하여 자신의 행동을 이끌어내기 위한 추리를 할 수 있기 때문입니다. 그런데 '격률'이라는 말이 조금 어렵게 느껴집니다. 그렇다면 차라리 대전제나 행동원리로 바꿔서 생각해보세요. 훨씬 쉽게 이해될 것입니다.

여러분은 '마음에 새기고 다니는 좋아하는 명언이 있습니까?'라거나 '당신의 좌우명은 뭔가요?'라는 질문을 받아본 경험이 있을 것입니다. 이것은 그야말로 당신의 격률, 곧 행동원리를 묻는 것입니다. 하지만 격률은 더 다양합니다. '시험에 대비해서 매일 두 시간씩 영어 공부를 해야지' 하는 것도 격률이고 '시험 볼 때 커닝을 해야지' 하는 것도 격률입니다.

선험적이며 보편적인 선악의 기준

비판철학자인 칸트는 다시 한번 의지를 형식과 내용으로 나눕니다. 선험적이고 보편성을 가진 선악의 기준을 찾아야 하기 때문입니다. 이때 의지의 내용은 구체적인 목적이며 구체적인 행위입니다. 거기에는 진학에 유리하도록 봉사활동에 참여한다거나 영어 공부를 해서 시험에 합격한다는 목적은 물론이고, 봉사활동과 영어 공부라는 행위 자체도 포함됩니다.

이러한 목적과 행위는 각각의 장점이 있지만, 모두가 경험적인 것이기 때문에 보편성을 가질 수 없고, 따라서 보편적인 선은 아닙니다. 실제로 모든 사람이 '시험에 합격해야지' 하고 생각하는 것은 아니기 때문입니다. 그렇게 생각하는 것은 시험을 필요로 하는 사람뿐이지요. 봉사활동조차도 충분한 배려 없이 행해지면 오히려 도움을 받는 사람들에게 부담을 줄 수도 있습니다. 따라서 이러한 내용적인 측면은 모두 선악의 보편적인 기준에서 배제됩니다.

칸트는 『순수이성비판』에서 감성과 오성의 형식으로 선험적인 것을 이끌어낸 것처럼 실천의 철학에서도 의지의 형식에서 선험적인 것을 이끌어냄으로써 보편적인 선을 찾습니다. 그런데 『순수이성비판』 같이 '이론'과 관계된 경우에는 선험적 형식이 실제로 존재하지만, 실천 철학의 경우 이러한 형식은 '있어야만 하는 것'입니다. 실천하는 일은 '곤경에 처해 있는 사람이 있으면 도와야 한다'라든가 '자신에게 불이익이 오더라도 거짓말을 하면 안 된다'와 같이 '마땅히 그렇게 해야 한다'라는 의식과 관련이 있기 때문입니다.

보편성을 갖는 격률은 비겁하지 않다

예를 들어 '시험 볼 때 커닝을 하자'라는 격률에 대해 생각해 봅시다. 이 의지의 격률에 보편성이 있는 걸까요? 만약 있다면 수험생 전원이 이런 격률을 가지고 있는 것이 됩니다. 그렇다면 과연 어떤 일이 일어날까요?

모두가 커닝할 생각으로 아무도 시험 준비를 하지 않기 때문에 누구의 답안도 베낄 수 없게 될 것입니다. 그런데도 누군가가 답안을 쓴다면 모두가 베껴 쓸 것이고 이 격률은 보편성을 갖기 때문에 선생님들도 커닝을 문제 삼지 않을 것입니다. 또한 선생님은 구태여 답안지 채점을 할 이유도 없어지겠죠. 결국 '시험 볼 때 커닝을 하자'라는 격률은 많은 사람이 시험 준비를 해서 커닝을 하지 않는 경우에만 성립되는 것입니다.

이 격률에 보편성이 있다고 생각하면 커닝 그 자체가 무의미하고 어처구

니없는 것이 되어버리는 사태가 발생합니다. 이와 같은 예로 '곤란한 상황을 벗어나기 위해 거짓말을 하자'라든지 '돈이 없으면 무임승차를 하자'라는 격률을 들 수 있습니다. 이러한 행동원리의 특징은 자기 외의 많은 사람이 규칙을 지킬 것을 기대하면서 자신을 예외로 만들고 있다는 것입니다. 우리는 이럴 때 '비겁하다'고 말합니다.

그렇다면 '곤경에 처한 사람이 있으면 도와줘야 한다'는 격률은 어떨까요? 이 격률은 인간에게 보편적이라 하더라도 어떤 어처구니없는 상황도 일어나지 않습니다. 즉, 보편성이 있기 때문에 그것을 해야만 하는 것입니다.

칸트는 선악이 결정되는 곳을 의지의 영역으로 확정하고 그 격률에 보편적인 형식이 있는지를 묻습니다. 이처럼 그는 의지의 보편적인 형식을 구하고 그 형식 자체가 도덕의 최상 원리로서의 도덕법칙이라는 결론을 내립니다. 이것을 정리한 유명한 명제가『실천이성비판』에 나옵니다(『도덕 형이상학의 정초』에도 비슷한 표현이 나옵니다).

"네 의지의 격률(행동방침)이 언제나 동시에 보편적인 입법 원리가 될 수 있게 행위하라."

이것은 매우 추상적인 표현입니다. 하지만 여기서 칸트가 하고자 한 말은 당신의 격률이 보편성을 갖는지 스스로 묻고, 보편성을 갖는다면 그것을 행해야 하며 보편성을 갖지 못한다면 그것을 행하지 말아야 한다는 것입니다. 보편성을 갖지 못하는 행위는 자신을 예외로 만들지 않으면 실현

될 수 없는 행위 즉, 비겁한 의지의 행위이기 때문입니다. 이것이 비록 추상적인 명제라고 하더라도 '비겁하다'는 말을 이해할 수 있는 사람이라면 이 명제도 이해할 수 있을 것입니다.

3. 도덕법칙과 행복, 그리고 정언명령

선악은 어디에 있는가

'네 의지의 격률'을 묻는 칸트의 도덕법칙에서 몇 가지 요점을 살펴봅시다.

먼저 도덕법칙은 '법칙'으로서 객관적인 것이지만, 그가 묻고 있는 것은 '네 의지의 격률'이라는 주관적인 것입니다. 이는 실로 엄청난 질문이 아닐 수 없습니다. 왜냐하면 당신의 의지에 의한 행위 즉, 당신이 의지를 가지고 결정하는 주관적이고 주체적인 행위가 보편적인 선악의 자리에 서는 것을 뜻하기 때문입니다.

간단히 말해 당신이 무언가를 정하는 것이 아니라면 보편적인 선악도 없는 것이 됩니다. 칸트는 『도덕 형이상학의 정초』에서 보편적인 선악에 관한 의사결정을 할 수 있는 인간의 능력을 '자율(自律)'이라고 표현했습니다. 인간은 순수이성을 가지고 있으므로 그 이성과 더불어 각자가 자신의 의지로 선험적인 형식을 만들 수 있다는 말입니다.

여기에는 스스로 생각하는 사람과 그 용기의 정점이 표현되어 있습니다.

여러분은 '선한 일'과 '악한 일'이 자신과는 무관하게 존재한다고 생각하나요? 또는 단지 배운 대로 '선한 일'을 행하고 '악한 일'을 피해야 한다고 생각하나요? 이것은 앞서 설명한 바움가르텐의 주장과 다를 바 없습니다.

칸트에 따르면 자기 의지로 한 행위에 대해 자기 스스로가 보편성을 묻는 데 선악이 있다고 할 수 있습니다. 그는 이것을 『실천이성비판』에서 선악 규정에 관한 '방법의 역설'이라고 설명했습니다. 물론 스스로 결정하는 것을 중심으로 삼는다고 해서 선과 악을 자기 멋대로 정할 수 있는 것은 아닙니다. 여기서는 순수이성에 의한 보편성을 묻고 있다는 사실을 잊지 말아야 합니다.

행복해지기 위해 존재하는 도덕법칙?

그럼 이제 도덕법칙이 명령형으로 표현되어 있다는 사실에 주목해봅시다. 『순수이성비판』이 선험적 원리를 밝힌 자연현상의 세계는 '~이다'의 세계이지만, 『실천이성비판』의 세계는 '마땅히 그렇게 해야 한다'의 세계입니다.

우리는 이성에 의해 도덕의 보편적인 규칙을 알고 있다고 하더라도 항상 그것을 따를 만한 이성적인 완전함은 가지고 있지 않습니다. 따라서 언제나 개별적이고 구체적인 욕망의 영향을 받으며 살고 있죠. 그러므로 우리는 보편적인 규칙을 따르기 위해 개별적인 욕망과 싸워야만 합니다. 이 싸움을 할 때 나오는 강제적 의식이 '마땅히 그렇게 해야 한다'이며 이것을 명제로 표현하면 명령형이 되는 것입니다.

물론 이 싸움에 대한 강제성은 타인이 부과하는 것이 아니라 자기 자신에게서 유래한 것이며 명령하고 있는 것 또한 자기 자신입니다. 게다가 이 명령에는 어떤 조건도 붙지 않습니다. 보편적인 선에는 조건이 없으므로 도덕의 명령에도 조건이 없는 것이 당연하다면 당연하겠지요. 하지만 정말로 그럴까요?

우리는 종종 '도덕은 무엇을 위한 것인가?'라고 묻습니다. 그리고 대개는 '행복을 위해서'라고 답합니다. 그렇다면 도덕법칙은 '만약 당신이 행복해지고 싶다면'이라는 조건이 붙는데, 이것이야말로 칸트가 단호하게 거부했던 생각입니다.

칸트는, 사람은 누구나 행복해지기를 원한다고 말합니다. 그런데 이때 '행복'이란 어떤 것일까요? 그 답은 사람마다 다를 것이며 같은 사람이라고 하더라도 때에 따라서 답이 달라질 것입니다. 이처럼 바뀌기 쉬운 것을 도덕의 근거로 삼을 수는 없습니다. 따라서 도덕은 행복을 위해 있는 것이라고 할 수 없습니다.

'행복' 개념에는 인간의 다양한 욕망과 소망이 포함되어 있으므로 이것들을 피하려면 도덕적으로 선하게 사는 것은, 삶의 방식 외부에 생겨나는 무언가를 위한 선이 아니라 그 자체가 선하다고 말할 수밖에 없습니다.

이렇게 해서 도덕법칙을 무조건적인 명령으로 표현한 것을 '정언명령(定言命令)'이라고 합니다['정언'이란 '가언(假言)'의 반대말입니다. 가언명령이란 '만약 ○○하고 싶다면'이라는 조건이 붙는 명령이며 정언명령은 그러한 조건이 없는 즉, 단언적이라는 뜻입니다].

4. 정언명령의 몇 가지 표현

칸트는 『도덕 형이상학의 정초』 제2부에서 정언명령에 대한 표현을 몇 번이나 수정했습니다. 이는 사람들과 관계를 맺고, 사회를 이루어 살아가는 우리들에게 도덕법칙을 더욱 친근하게 느끼도록 하기 위해서였습니다. 여기서 칸트가 쓴 두 가지 표현을 소개하겠습니다.

인격은 자신을 목적으로 한다

"너 자신과 다른 모든 사람의 인격을 절대 수단으로 취급하지 말고, 언제나 동시에 목적 자체로 대하도록 행동하라."

이것은 인간이 누구나 구체적인 목적을 가지고 그것을 실현하기 위한 수단을 찾으면서 서로 관계를 맺고 살아간다는 보편성에 주목한 정언명령입니다. 이 표현에는 우리에게 직접 와 닿는 무언가가 있습니다.

먼저 이 인용문에 나타난 '인격'이라는 단어에 주목해 봅시다. 칸트는 '인격'을 '물건'과 구별했습니다. 우리 인간은 이성(reason)이 있으므로 자기 안에 어떤 이유(reason)를 가지고 살아간다는 점에서 하나의 독립된 개인입니다. 이것을 칸트는 '인격'이라고 표현했습니다. 반대로 이성 없이 인간의 수단으로만 사용되는 것을 '물건'이라고 부릅니다. 이러한 인격과 물건은 개인의 주관적인 목적을 실현하기 위한 수단으로서 도움이 됩니다. 하지만 물건의 가치는 그것으로 결정된다고 해도 인격의 가치는 그것만으로는 결정될 수 없습니다. 왜냐하면 모든 인격은 동시에 자기 자신의 존재를 그 목적으로 하기 때문입니다.

칸트는 이러한 인격의 상태를 '목적 자체'라고 표현했습니다. 무슨 뜻일까요?

우리는 가끔 책과 옷을 사러 거리로 나갑니다. 이때 우리의 목적은 일단 책과 옷을 사는 것입니다. 그런데 여기서 한 번 생각해 봅시다. 우리가 정말로 원하는 것은 책을 읽고 있는 나, 멋진 옷을 입고 있는 나 아닐까요? 즉, 우리는 자기 자신을 목적으로 삼고 사는 셈입니다.

인간은 인격으로서 누구나 목적 자체입니다. 그러므로 타인이나 자기 자신을 물건 다루듯 '단순한 수단'으로 대해서는 안 됩니다. 타인을 보면서 그가 인간인지 기계인지 구별하지 않을 때 우리는 악한 길을 걷게 됩니다. 예를 들어 편의점에서 주스를 사기 위해 계산대에서 돈을 지급할 때와 길거리에 있는 자동판매기에서 주스를 사기 위해 돈을 넣을 때 우리 행동이 결정적으로 달라야 한다는 뜻입니다. 계산대에 있는 점원은 기계가 아닙니다. 목적을 가지고 일하고 있는 사람이지요. 우리는 이 차이를 곱씹어 보아야 합니다.

보편적 입법과 목적의 왕국

다음은 도덕법칙에 나온 '보편적 입법'에 주목한 표현입니다. 사람은 이성에 의해 자신의 의지를 보편성이라는 관점에서 결정할 수 있습니다. 칸트는 이것을 '자율'이라고 표현했습니다. 이는 스스로 보편성을 가질 수 있는 규칙을 만들어 그것에 따르는 것입니다. 이때 그 보편적 규칙을 만드는 행동을 시민사회에서 법률을 만드는 것과 같이 생각할 때 다음과 같은 정언명령을 이끌어낼 수 있습니다.

> "모든 이성적 존재는 마치 자신이 자신의 격률에 따라 언제나 보편적인 목적의 왕국의 입법 성원인 것처럼 행동해야 한다."

사람은 누구나 목적 자체로서 살고 있습니다. 그런 사람들이 규칙으로 연결되어 함께 사는 나라가 '목적의 왕국'입니다. 하지만 사람이 단순히 타인과 연결되기만 한다면 거기서는 누군가를 '단순한 수단'으로 삼는 악이 발생할 가능성이 있습니다. 따라서 그러한 악이 전혀 존재하지 않는 이상적인 나라로 '목적의 왕국'을 그린 것입니다. 그리고 그 나라의 구성원으로서 그들이 따르는 규칙을 자신도 따라야만 한다는 것이 이 정언명령이 말하고자 하는 바입니다.

우리는 선거권을 가짐으로써 국가의 입법에 참가하는 구성원이 됩니다. 이와 마찬가지로 인간은 자신의 격률을 이성적인 보편성의 관점에서 채택할 때 목적의 왕국 구성원이 됩니다. 국가의 법 아래에서는 누구나 평등한 것처럼 목적의 왕국에는 자신을 예외로 만드는 사람이 없습니다.

이처럼 목적의 왕국에서는 한 사람 한 사람이 목적 자체로서 무엇과도 바꿀 수 없는 존재가 됩니다. 이를 가치의 관점에서 '존엄성을 가진다'고 표현할 수 있습니다.

칸트는 가치를 크게 '가격'과 '존엄'으로 나눴습니다. 가격은 교환할 수 있는 것이 갖는 가치이며 존엄은 교환할 수 없는 것이 갖는 가치를 말합니다. 따라서 목적의 왕국에서는 한 사람 한 사람이 존엄성을 가지며 '목적의 왕국 구성원으로 살라'는 명령은 인간의 존엄성을 시민사회에서 실현하라는 것입니다.

일찍이 젊은 칸트는 루소의 영향을 받아 사람은 '사람으로서' 귀하다고 생각했고 이 생각을 자기 철학의 기본으로 삼으려 했습니다. 이러한 칸트의 생각이 여기서 실현된 것입니다.

5. 자유가 없으면 선악도 없다

이상주의자 칸트?

지금까지 살펴본 칸트의 실천철학에 대해 어떤 생각이 드나요? 어쩌면 칸트를 굉장한 이상주의자라고 생각할지도 모릅니다. 칸트는 '보편성을 가진 격률에 따라 행동하라', '타인을 단순한 수단으로 다뤄서는 안 된다', '목적의 왕국 구성원이라는 생각으로 살라'고 말하지만 실제로 우리 사회를 돌아보면 이런 명제들이 전혀 구현되지 못하는 것처럼 보입니다.

'목적의 왕국'에 대해서 말하자면 정언명령에 '가능하다면'이라는 말이 들어가 있는 것이 마음에 걸리는 사람도 있을 것입니다. 어떻게 보면 '목적의 왕국'은 실현 가능성이 없는 것이며 이상론을 넘어서는 꿈같은 이야기에 지나지 않는 것 같다는 생각도 듭니다.

칸트 또한 자신의 주장에 이상주의적인 측면이 있다는 사실을 잘 알고 있었습니다. 그런데도 '설령 우리가 생각해온 도덕법칙에 완벽하게 따라서 행동하는 사람이 아무도 없다 하더라도 그것이 도덕법칙인 이상 우리는 그것에 따라 행동해야 하며 행동할 수 있다'고 생각했습니다.

왜냐하면 인간이 일반적으로 실현'할 수 있는 것'을 근거로 해서 그것을 실현'해야만 한다'고 주장한다면 칸트가 원하는 엄밀한 보편성은 찾을 수 없을 것이기 때문입니다. 칸트는 성인군자로 보이는 사람이 몰래 도덕에 반(反)하는 행동을 하는 것을 보고 "저런 사람에게도 인간적인 부분이 있네"라고 말하면서도 그런 인간관을 바탕으로 실천철학을 할 생각은 전혀 없었습니다.

그는 약하고 악한 면이 있는 인간의 편이 아니라 철저히 이성의 편에 서서 생각합니다. 그러다가 그는 속일 수 없는 문제에 부딪히게 됩니다. 앞서 실천 철학의 선험적 형식은 '마땅히 그렇게 해야 하는 것'이라고 했습니다. 이 선험적 형식이 격률의 보편성이라는 사실은 이미 설명했지만, 왜 그래야 하는지에 대해서는 또 다른 설명이 필요합니다. 칸트는 이 문제에 대해 깊이 생각했습니다. 그가 『도덕 형이상학의 정초』를 쓴 뒤 또다시 『실천이성비판』을 쓴 것은 분명히 이 문제와 관련이 있다고 할 수 있습니다.

도덕의식은 인간에게 있어서 '사실'

우리는 이성을 지닌 존재이며 자신의 행위에 관한 규칙(격률)을 정할 수 있습니다. 그리고 이성을 이용해 그 격률로부터 개별적이고 구체적인 상황에서 무엇을 해야만 하는지를 추론해냅니다. 이성은 추리하고 추론하는 능력이기 때문이지요.

예를 들어 '시험 볼 때 커닝을 하자'라는 격률을 가진 사람이 '좀 있으면 시험이네. 커닝해서 어떻게든 넘어가야지'라는 생각을 했다고 해봅시다. 이 추론 자체에는 문제가 없습니다. 이때 이 추론이 이성적이라면 그런 추론을 한 우리 자신의 의식 또한 이성적이라고 할 수 있을 것입니다.

하지만 우리가 철저히 이성적이라면 커닝이라는 격률에 이성적인 보편성이 없다는 것 또한 알 수 있습니다. 즉, 격률로부터 행위를 이끌어내는 이성이 격률 그 자체를 반성하게 하고 그것이 보편성을 가지지 못하기 때문에 도덕법칙에 반하고 있다고 깨닫게 하는 것입니다. 따라서 우리가 이성적일 때 그야말로 이성의 추리와 추론으로 도덕법칙을 의식하는 것이라고 할 수 있습니다. 칸트는 이를 가리켜 도덕법칙에 대한 의식은 '순수이성에 있어서 사실'이라고 주장했습니다.

이처럼 칸트는 도덕의식이 이성적인 인간에게 있어서 '사실'이라고 말했는데, 이 설명은 후에 많은 비판을 받게 됩니다. 19세기 철학자 쇼펜하우어(Arthur Schopenhauer, 1788~1860)가 그 대표적인 인물 중 한 사람입니다. 하지만 칸트에게 '사실'로서의 도덕법칙을 발견한 것은 현안이었던 큰 문제를 해결할 실마리가 됩니다. 그것은 '자유의 실재성'에 대한 문제입니다.

『순수이성비판』에서 펼친 자유 구출 작전은 이율배반론을 사이에 두고 현상의 세계와 물(物) 그 자체의 세계를 구별하는 것으로 이루어졌는데, 앞서 지적한 바와 같이 실재적 자유를 확보하지는 못했습니다. 그런데 칸트는 여기서 도덕법칙에 대한 의식을 '사실'로서 이끌어낸 것입니다.

칸트는 이렇게 생각한 것이 아닐까요? 일찍이 자유가 없으면 선악도 무의미하다고, 자유의 실재성을 직접 좇았지만, 반대로 선악의 기준인 도덕법칙의 실재성으로부터 자유를 확보할 수 있다고 말입니다.

도덕법칙에 대한 의식이 '사실'로서 존재하고 선악 의식이 무의미하지 않다면, 이러한 것을 전체적으로 성립시키는 자유가 필수조건이 되는 것입니다. 이렇게 하여 칸트는 자유의 실재성을 확보할 수 있었습니다.

거짓 증언이냐, 사형이냐

자유의 확보에 대한 이 논의는 매우 추상적이기 때문에 칸트가 들었던 예를 조금 각색해서 설명해 보겠습니다.

어느 나라에 폭군이 있었습니다. 그는 A라는 성실한 인물에게 죄를 뒤집어 씌워 그를 제거하고자 했습니다. 그래서 A의 친구를 불러 이렇게 말합니다.

"너의 친구 A 말이다. A가 성실한 사람이라는 사실은 너도 알고 나도 안다. 하지만 내 눈에는 A가 거슬린단 말이야. 그래서 너에게 명한다. A가 다른 사람들 몰래 나쁜 짓을 하고 있다고 증언하라. 네가 그렇게 증언하면 즉시 A를 처벌하겠다. 하지만 만약 네가 증언을 거부한다면 지금 이 자리에서 너를 처형할 것이다."

칸트는 이런 경우 사람들이 거짓 증언을 거부하는 것은 매우 힘들 것이라고 했습니다. 하지만 동시에 거짓 증언을 거부할 수도 있다고 덧붙였습니다. 왜 그럴까요? A의 친구는 성실한 친구 A에게 죄를 뒤집어씌우는 일에 가담하면서까지 자기가 살아남을 가치가 있는지를 고민할 것이며, 거짓 증언을 거부해야 한다고 의식할 것이기 때문입니다.

우리에게는 다양한 욕구가 있지만 살고자 하는 것은 가장 근본적인 욕구 중 하나입니다. 하지만 선악 의식은 욕구로부터 자유로워져 그야말로 자유의 이름을 걸고 거짓 증언을 거부할 가능성을 가르쳐줍니다.

자유와 선하게 사는 것

칸트가 자유의 실재성을 손에 넣는 과정을 따라가면서 뭔가 이상하다고 생각하는 사람도 있을지 모릅니다. 왜냐하면 그가 실재적인 자유를 '도덕적인 선을 행할 자유'로 보고 있기 때문입니다. 이에 대해서는 칸트와 동시대를 살았던 철학자들도 의문을 품었습니다. 왜 그랬을까요?

첫째로 우리는 보통 사람이라면 누구나 선과 악을 선택할 수 있으므로 자유롭다고 생각합니다. 그렇다면 선하게 살 때만 인간이 현실적으로 자유롭다는 칸트의 주장이 이상하게 느껴질 수 있습니다.

둘째로 칸트는 악을 행한 사람에게 책임을 추궁할 수 있는 것은 범인에게도 그런 악행을 하지 않을 자유가 있었기 때문이라고 말했는데, 반대로 악을 행할 때도 인간은 자유롭다고 생각하는 사람에게는 칸트의 주장이 이치에 맞지 않습니다.

이 문제에 대해서는 여러분 스스로 생각해 보기 바랍니다. 여기서는 대답 대신 단서가 될 만한 질문 하나만 던져보겠습니다.

우리는 과연 '자유'를 가지고 있을까요?

여기서 자유란 헌법이 보장하는 자유권을 말하는 것이 아닙니다. 자유권을 가진 다는 것은 헌법상 당연한 일입니다. 여기서 말하는 것은 '의지의 자유'입니다. 이것을 소유물처럼 생각하는 사람은 첫째와 둘째 문제에 부딪히게 됩니다. 그런데 달리 생각해보면 우리가 가지고 있는 것은 자유의 가능성이며 선을 행할 때만 비로소 그 자유가 실현되고, 악을 행할 때는 그 자유가 실현되지 않는다고 볼 수도 있지 않을까요?

6. 최고선이라는 문제

도덕적으로 선하게 삶으로써 행복해지는 것

칸트는 도덕법칙에 대한 의식을 통해 '선하게 살' 자유의 실재성을 확보했습니다. 이것을 이 책 2장의 서두에서 소개한 개념을 가지고 말한다면 '최상선을 실현할 가능성을 확보한 것'이라고 할 수 있습니다. 그렇다면 이제 '최고선'이라는 개념에 대해서도 생각해 봅시다.

도덕적인 선은 '가장 선한 것'입니다. 하지만 도덕적으로 선하게 살 수 있다면 다른 다양한 '선함'은 어떻게 되든지 상관없는 것일까요? 여기서 다양한 선함도 마찬가지로 선한 것인 이상 우리는 그것들에 관심을 가지지 않을 수 없습니다. 최상선을 실현하는 사람에게 이처럼 다양한 선함까지 주어진 것이 '최고선'이기 때문입니다.

여기서 도덕적인 선은 별도로 하고 '그것 외의 다양한 선함'을 통틀어서 '행복'이라고 부를 수 있습니다. 칸트는 행복이란 '모든 일이 소망과 의지대로 되는 것'이라고 말했습니다. 누구도 그런 상황을 경험하지는 못했겠지만, 그것을 상상할 수는 있을 것입니다. 이것이 상상하는 일에 지나지 않기 때문에 앞서 말한 것처럼 일단 행복의 내용을 묻는다면 이에 대한 답은 각양각색일 것이며 같은 사람이라고 해도 때에 따라 대답이 달라질 것입니다.

어찌 되었든 최고선에는 도덕적으로 잘 사는 것과 행복한 삶의 두 가지 요소가 포함되어 있습니다. 물론 이 두 가지는 동등하지 않으며 도덕적으로 선하게 사는 것이 행복의 조건이 됩니다. 즉, 도덕적으로 선하게 사는 사람이야말로 행복할 가치가 있는 사람입니다. 이와 같은 질서를 가진 도덕과 행복의 결합 즉, 행복할 가치가 있는 사람이 행복해지는 것을 '최고선'이라고 할 수 있습니다.

최고선을 둘러싼 곤혹스러움

그런데 최고선에 필요한 도덕과 행복은 우리를 곤혹스럽게 만들기도 합니다. 칸트는 이런 곤혹스러움을 『실천이성비판』에서 '실천이성의 이율배반'이라는 말로 표현했습니다. 이 부분은 도덕적으로 사는 근대인이 안고 있는 정신적 당혹감을 상당히 깊이 있게 표현하고 있습니다. 여기에서는 칸트가 기술한 것에서 어느 정도 거리를 두고 생각해 보도록 하겠습니다.

　정언명령을 제시하는 칸트에게 도덕적으로 선하게 사는 것은 그 결과와는 무관하게 선한 것이었습니다. 이 사실을 떠올리면서 최고선에서 두 가지 요소의 결합을 다음과 같이 바꿔서 생각해 봅시다. '도덕적으로 선하게 삶으로써 행복해지는 것'이라고 말입니다. 이렇게 말하면 도덕적으로 선하게 사는 것에 '행복해진다'는 목적이 있는 것처럼 느껴지지 않나요?
　'그야 당연하지. 도덕은 사람이 행복해지기 위해서 있는 건데.'라고 생각하는 사람에게는 이것이 문제가 되지 않습니다. 하지만 도덕은 행복해지기 위한 수단이 아니며 만약 그렇게 산다면 그것은 도덕적인 것이 아니라고 생각하는 사람에게는 큰 문제가 됩니다. 왜냐하면 앞서 '마땅히 그렇게 해야 한다'에서 도덕의 근거를 둘러싼 논의 중에 다뤘던 것처럼 사람은 누구나 행복해지고 싶다고 소망하기 때문입니다.

　논점을 정리해 봅시다. 예를 들어 행복에 대한 소망과는 동떨어진 곳에서 도덕적으로 선하게 살려고 하는 사람이 있다고 해봅시다. 하지만 그 또한 행복해지기를 바랍니다. 그리고 최고선은 이 두 요소로 구성되어 있습니다. 이런 사람은 자기 자신의 의지를 반성하면서 다음과 같이 고민하지 않을까요?
　'나는 선하게 살고자 한다. 그런데 이와 동시에 행복해지고 싶은 마음도 있다. 그렇다면 사실 나는 행복해지고 싶어서 도덕적으로 살려고 하는 것이 아닐까? 내가 하는 도덕적 행동의 동기는 대체로 행복에 대한 소망 때문일까? 만약 그렇다고 한다면 나는 선하게 사는 것이 아니지 않을까?'

이 문제를 해결하기 전에 확인해 보아야 할 것이 있습니다. 이것은 '선하게 사는 것'에 관심이 있는 사람만이 직면하는 문제일 것입니다. 그렇다면 왠지 수지가 맞지 않는다는 생각이 들지 않나요? '선하게 살자'는 생각이 강하면 강할수록 이런 고민이 깊어지니 말입니다. 왜냐하면, 우리가 어떤 행동을 할 때 어떤 동기를 가졌는지 자연과학적인 대상을 인식하는 것처럼 분명하지 않기 때문입니다.

여기서 칸트가 현상과 물 그 자체를 구별하고, 인식할 수 없는 물 그 자체의 세계와 자유의 영역을 동일시하고 있었다는 사실을 떠올려 봅시다. 이런 사태에 직면해서 우리가 할 수 있는 일은 무엇일까요? 그것은 자신이 어떤 의지를 가지고 있는가를 '묻고 또 묻는 일'밖에 없을지도 모릅니다. 하지만 이처럼 '묻는' 자세야말로 우리의 자유와 선하게 살 가능성을 확보해 주는 것입니다. 왜냐하면 우리는 물음으로써 생각하고, 물음으로써 선입견의 속박에서 벗어날 수 있기 때문입니다. '선하게 사는 것'은 누구나 할 수 있는 일이지만, 동시에 우리를 곤혹스럽게 만드는 것이기도 합니다.

'선하게 사는 것'과 '행복'을 구별하다

최고선을 둘러싼 곤혹스러움을 해결하기 위해서는 도덕과 행복의 관계를 잘 생각해볼 필요가 있는데, 이 관계는 자유와 자연의 관계라고도 볼 수 있습니다. 우리가 행복한 사람(자신)을 상상할 때 그 모습은 자연의 세계에서 사는 인간의 모습이기 때문입니다.

칸트는 비판철학에서 기본적으로 자유와 자연을 분명히 나눠서 생각했는데, 그렇게 하면 다음과 같은 사실 또한 명확해집니다.

도덕적으로 사는 사람이 행복해지는 것이 최고선이라 하더라도 우리는 어떻게 하면 그런 결합을 실현할 수 있는지 알지 못합니다. 우리가 마주하는 현실은 선하게 사는 사람이 행복으로부터 멀리 있고, 선하게 사는 것에 등을 돌린 것처럼 보이는 사람이 오히려 세상에서 성공하는 모습입니다. 우리는 우리가 만든 것도 아닌 세계에 던져져 그 인과관계를 모두 이해하지도 못한 채 즉, 자신의 인생이 왜 이렇게 되었는지도 모르는 채 살고 있습니다. 그리고 최고선이 무엇인지를 이해하더라도 그것을 어떻게 실현해야 할지를 모릅니다.

그러므로 우선 자유와 자연을 명확하게 구별하는 일을 포기하지 말아야 합니다. 그렇게 하면 '도덕적으로 선하게 삶으로써 행복해지는 것'이라는 최고선에서 '도덕적으로 선하게 사는 것'과 '행복해지는 것'을 분명히 구별할 수 있습니다. '도덕적으로 선하게 사는 것'은 자신의 의지로 실현 가능한 것이지만 '행복해지는 것'은 자기 혼자 힘으로는 어떻게 할 수 없는 것입니다. 이것으로 앞선 고민이 완전히 해결된 것은 아니지만 '도덕적으로 선하게 사는 것'을 향해 마음을 모을 수는 있습니다.

최고선과 신의 문제

'도덕적으로 선하게 삶으로써 행복해지는 것'이라는 최고선에 관해 칸트는 세 가지 방법을 생각했습니다.

첫째는 최고선을 개인의 내면에 있는 고민에 관한 문제로서 논하는 것, 둘째는 개인의 내면에 있는 납득 방법으로서 논하는 것, 셋째는 인간사회에서 역사적으로 실현하는 방향성으로서 논하는 것입니다. 3장에서는 첫째 방법에 관해서 설명했고, 셋째 방법은 5장에서 설명하려고 합니다. 여기에서는 둘째 방법을 살펴보도록 하겠습니다.

우리는 우리가 만들지 않은 세상에 태어나 그것을 전부 이해하지도 못한 채 살고 있습니다. 이런 인생을 살면서 '선하게 사는 것'에 공을 들여도 오히려 다른 사람보다 불행해지는 것 같다는 생각에 무력감을 맛보기도 합니다. 그래서 인간은 이 세상을 창조한 '창조자'와 인간사회를 넘어선 존재에 의지하기도 합니다. '인간의 눈에는 부조리하게 생각되는 일일지라도 세상을 창조한 존재나 세상의 이치를 모두 알고 있는 존재의 입장에서 보면 합당한 일이 아닐까', 또는 '언젠가 납득할 만한 결론이 나오는 것이 아닐까' 하고 말입니다. 이해할 수 없는 사건과 마주한 인간이 '태양신이 지켜주신다'라고 생각하는 경우를 떠올려 보시기 바랍니다.

여기서 인간이 신을 원하는 이유 중 하나를 이해할 수 있습니다. 칸트는 『실천이성비판』에서 이런 사고방식을 신의 현존재를 요청하는 것으로 논의를 전개하고 있습니다. 그리고 『판단력비판』에서는 아무리 미개한 이성이라도 일반적으로 이해할 수 있는 생각이라고 소개했습니다.

제4장
자연세계에서
자유롭게 산다?

『판단력비판』을 읽다

칼리닌그라드 시내에 있는 칸트 동상

1. 자유와 자연의 세계 이어주기

자연법칙과 도덕법칙

칸트는 『실천이성비판』의 맺음말에서 굉장히 유명한 말을 남겼습니다. 이 말은 쾨니히스베르크 성 벽면에 새겨져 있지요.

> "자주 그리고 계속해서 숙고하면 할수록 점점 더 새롭고 경외심을 느끼게 하는 것이 두 가지 있다. 밤하늘의 빛나는 별과 내 안의 도덕법칙이 바로 그 것이다."

여기서 칸트는 자신의 마음을 채우는 것으로 '밤하늘의 빛나는 별'과 '내 안의 도덕법칙'을 들고 있는데 이 두 가지가 '나의 현존재 의식'과 직접적으로 연결되어 있다고 인용문 바로 뒤에 썼습니다.

별들이 아름답게 수 놓인 밤하늘을 올려다볼 때 우리는 인간이 아주 작은 존재라는 것을 의식합니다. 동시에 보편적인 자연법칙을 파악할 수도 있지요.

인간 세계에 사는 우리는 도덕적인 문제와 맞닥뜨렸을 때 항상 도덕적으로 살

칸트를 기념하는 문구가 새겨진 조각

수 있는 완벽한 존재가 아니라는 사실을 깨닫습니다. 하지만 우리는 도덕법칙을 스스로 결정할 수 있는 존엄성을 가진 존재이기도 합니다.

칸트는 다양한 선입견과 편견을 떨쳐버리고 인간의 이성을 비판한 『순수이성비판』과 『실천이성비판』을 썼습니다. 이 과정에서 칸트는 정신적으로 성장합니다. 앞의 인용문이 그것을 보여주고 있지요.

또한 이 인용문은 우리가 오로지 경험에만 의존하여 느끼고 생각하는 것에서 벗어나 스스로 생각하는 용기를 발휘할 때, 그리고 자기 자신의 행위를 결정할 원리원칙을 생각할 때 비로소 보편성에 다가갈 수 있음을 보여줍니다. 그러므로 칸트는 자연법칙과 도덕법칙을 '나의 현존재 의식'과 관련짓고 있는 것입니다.

다양한 개체의 세계

'나의 현존재 의식'이라는 표현은 '내가 실제로 살아서 여기에 있다는 의식'이라고 바꿔 말할 수 있습니다. '여기'는 '이 세계'를 뜻합니다. 이 세계를 다시 둘러봅시다. 여기에는 나와 다른 인생을 사는 수십억 명의 사람들이 있습니다. 게다가 인간과는 다른 종류의 삶을 사는 무수히 많은 동식물이 있으며, 무생물 또한 무한히 존재합니다. 이러한 다양성은 어떤 박물학자라 할지라도 전부 파악하기 어렵습니다.

이 세계는 우리가 그것을 자연현상으로서 파악할 때 보편적인 지식을 줍니다. 또한 우리가 이 세계를 도덕법칙의 이름으로 '있어야만 하는 세계(목적의 왕국)'로 생각할 때 보편적인 규칙이 입법되고 준수되는 이상적 세계로 그려집니다. 하지만 지금 우리가 경험하는 현실 세계는 보편성보다는 다양한 종류와 형태의 개인, 그리고 개체자를 찾아내는 것이 훨씬 쉬운 세계입니다.

우리는 앞서 칸트의 '최고선'에 대해 살펴봤습니다. 최고선 또한 도덕적인 선으로서 정언명령을 바탕으로 합니다. 그렇다면 최고선은 우리 이성이 정언적으로 즉, 절대적으로 실현해야 할 도덕법칙을 우리에게 부과한 것이라고 볼 수 있습니다. 이때 최고선은 어디에서 실현된다고 할 수 있을까요? 그것은 '이 세계' 밖에서 이루어지는 것이 아닙니다. 우리는 이 세계 안에서 살고 있기 때문입니다. 그런데 이 세계는 다양한 개인의 세계여서 도덕법칙의 보편성과는 양립할 수 없는 것처럼 보입니다.

『판단력비판』, '이 세계'에서 최고선을 실현할 수 있는가
여기서 우리는 두 가지 문제에 직면합니다.

첫째로 다양한 생각을 가진 사람들이 서로 의견을 공유하며 보편적인 생각에 이를 수 있을까 하는 것입니다. 이 세계에서 최고선을 실현하려면 다양성을 가진 세계 안에서 보편성을 구체화할 수 있어야 합니다. 어떻게 그런 일이 가능할까요?

둘째로 우리가 사는 세계가 무한히 다양하다면 그 다양성 안에서 우리의 행위가 가지고 있는 도덕적이고 보편적인 목적(최고선)을 과연 실현할 수 있는가 하는 문제입니다.

이런 문제들을 해결할 수 없다면 최고선을 실현하는 일은 불가능할 것입니다. 우리는 도덕법칙을 사이에 두고 무엇이 최고선인지 알아차리고 도덕법칙을 통해 그것을 실현해야 한다는 사실을 알고 있습니다. 그런데 그 최고선을 실현할 수 없다면 궁극적으로 모든 것이 무의미한 세계가 되어 버리는 것이 아닐까요?

이 두 가지 문제는 도덕법칙에 관한 자유의 세계와 자연법칙에 관한 자연의 세계를 어떻게 연결할 수 있는가 하는 문제로 요약할 수 있습니다. 우리는 이 세계에 현실적으로 존재하고, 이 세계에서 행위하며, 이 세계에 행위의 결과를 낳습니다. 그렇다면 도덕법칙에 따른 자유로운 행위의 결과 또한 이 세계에 자연현상으로서 실현될 것입니다. 하지만 이미 자유의 구출 작전에 관해 생각해 보았던 것처럼 자연 세계에서는 자유를 찾지 못했습니다.

우리가 자연 세계와 자유의 세계를 대상으로 생각할 때 즉, 자신을 무엇

인가와 마주 보고 있는 존재로서 생각한다면 어떤 방법을 쓰더라도 이 두 가지를 연결할 수 없습니다. 하지만 이렇게 문제를 좇다 보면 딱 한 가지 자유에서 자연으로 가는 통로를 발견할 수 있습니다. 그것은 바로 '현실로서 존재하는 나'입니다. 이것은 대상으로서 마주 보는 자연 또는 대상으로서 요구되는 선(자유)이 아니라 그것을 보고 요구하는 주체로서의 나의 의식입니다. 주체로서의 나는 자연 세계에 살면서 자유를 실현하고자 합니다.

칸트는 자신의 세 번째이자 마지막 비판서인 『판단력비판』에서 이러한 문제를 논하고 있습니다. 이 책은 미(美), 숭고함에 관해 논하는 전반부와 목적론적 자연관에 대해 논하는 후반부로 이루어져 있습니다. 전반부는 철학의 여러 분야 중에서 특히 미학이라는 분야를 성립시키는 데 크게 이바지한 것으로 알려져 있습니다.

『판단력비판』의 위치

칸트의 세 번째 비판서 『판단력비판』은 『순수이성비판』(제1비판)과 『실천이성비판』(제2비판)에 비해 왠지 어렵게 느껴집니다. 그렇지만 제1비판이 개념 능력인 오성(지성)의 선험적 규칙을 밝히고, 제2비판이 추리하는 능력인 이성의 선험적 원칙(도덕법칙)을 밝힌 것을 생각해보면 뜻밖에 쉽게 풀릴 수도 있습니다.

전통적인 윤리학에는 개념론, 판단론, 추리론이라는 세 가지 구분이 있습니다.

앞선 두 권의 책에서 이미 개념 능력과 추리 능력을 논했기 때문에 남은 것은 판단 능력 즉, 판단력에 대해 다루고 있는 것입니다.

판단론이 개념론과 추리론 사이에 위치한다는 사실도 주목해야 합니다. 『판단력비판』은 제1비판과 제2비판 사이에 위치하며 양자를 연결해주고 있습니다.

2. 판단한다는 것

개별적인 것과 보편적인 것 연결하기

'판단력'이라는 단어는 칸트의 제3비판서 제목에서 중요한 비중을 차지하고 있습니다. 그렇다면 판단이란 과연 어떻게 하는 것일까요? 간단히 말하자면 개별적인 것과 보편적인 것을 연결하는 것입니다. 그리고 그 연결 방법에는 두 가지 패턴이 있는데, 그중 하나는 다음과 같은 것입니다.

예를 들어 여러분 집에 임마누엘이라는 이름의 고양이가 있다고 해봅시다. 이때 '임마누엘은 고양이다'라고 생각하는 것이 전형적인 판단입니다. 임마누엘은 우리가 만나는 하나의 개별 존재지만, 고양이는 보편적인 개념입니다. '오늘 날씨는 맑다'라는 것도 마찬가지입니다. 이 경우 우리는 '고양이'나 '맑다' 같은 보편적인 개념을 가지고 있는 상태에서 '임마누엘'이나 '오늘 날씨'라는 개별적인 것을 관련짓습니다.

또 하나는 다음과 같은 것입니다. 우리는 "에베레스트는 아름답다", "이 곡 참 좋다"라고 말할 때가 있습니다. 이것도 개별성과 보편성을 연결 짓는 판단입니다. 하지만 여기서는 앞의 경우와는 달리 "에베레스트보다 안나푸르나가 더 아름다운 것 같은데?", "그래? 이 곡이 그렇게 좋다고?"라는 식의 반론이나 의문이 제기될 수 있고, 그것에 대해 의견을 나눌 수도 있습니다.

때때로 이런 대화는 "애초에 '아름답다'는 건 뭘까?"라는 토론으로 발전해서 수습할 수 없는 지경에 이르기도 합니다. 그리고 사람들은 대개의 경우 "취향은 사람마다 다른 거니까"라며 이야기를 끝냅니다. 하지만 정말로 그런 결론밖에 낼 수 없다면 처음부터 토론은 시작되지 말았어야 합니다.

이는 '에베레스트'나 '이 곡'이라는 개별적인 것은 주어졌지만, 그것과 관련지을 수 있는 '아름답다'와 '좋다'라는 개념이 명확하게 주어지지 않았기 때문에 벌어지는 일입니다. 하지만 그런데도 우리는 판단을 합니다.

규정적 판단력과 반성적 판단력

칸트는 이 두 가지를 구별하기 위해 전자처럼 보편적인 것이 주어진 경우에 발휘되는 판단 능력을 '규정적 판단력'이라고 부르고, 후자처럼 보편적인 것이 주어지지 않은 경우에 발휘되는 판단 능력을 '반성적 판단력'이라고 불렀습니다. 전자는『순수이성비판』에서 이미 다뤘기 때문에『판단력비판』에서 논의하는 것은 후자입니다.

그런데 이때 '반성적'이라는 말은 무슨 뜻일까요? 예를 들어 우리가 무언가를 보고 있다고 생각해 봅시다. '본다'는 행위는 '보는 존재'와 '보이는 존재'가 있을 때 성립됩니다. 이때 '보는 존재'를 주관(주체)이라고 부르고, '보이는 존재'를 객관(객체)이라고 부릅니다. '저 산은 에베레스트다'라고 판단할 때 우리는 '보이는 것'으로서의 '저 산'에 대해 판단하고 있는 것입니다.

그렇다면 '에베레스트는 아름답다'고 판단할 때는 어떨까요? '보이는 존재'로서의 '에베레스트'에 대해서 판단하면서도 사실은 '보는 존재'로서의 내가 에베레스트를 '아름답다'고 판단하고 있는 것이 아닐까요? 이 판단은 에베레스트라는 '보이는 존재'에 대해 그것을 '보는 존재'의 상태에서 판단하는 것입니다. 이때 일어나는 것은 '보이는 존재'를 통해 '보는 존재'를 비추어 보는 것 즉, 반사입니다. 이처럼 객관으로부터 반사되어 주관을 판단하는 것을 '반성'이라고 부릅니다.

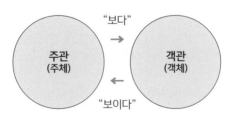

규정적 판단 : 보이는 존재(객체)를 판단
반성적 판단 : 보는 존재(주체)의 판단

이것은 잘못이나 부족함을 돌이켜 보고 뉘우친다는 뜻의 '반성'과는 매우 다릅니다. 『판단력비판』에서 문제가 되는 것은 도덕에 관한 것이 아니기 때문입니다. 도덕에는 보편적인(도덕법칙) 의식이 전제되어 있습니다. 하지만 이들 사이에 공통된 부분도 존재합니다. 반성할 때 우리는 이미 벌어진 일에 대한 잘못이 아니라 그 그릇됨을 스스로 어떻게 생각하고 있는가를 확인하려고 합니다. 즉, 주관 쪽으로 눈을 돌리는 것입니다. 그야말로 '현실에 존재하는 나'의 의식을 문제 삼는 것입니다.

3. 아름다움의 경험

아름답다고 생각할 때

하굣길에 문득 서쪽 하늘을 올려다보니 붉게 물든 하늘에 구름이 넓게 펼쳐져 있다고 상상해보세요. '와, 아름다운 노을이네.'라는 생각이 들 것입니다. 그리고 방금 교문 앞에서 헤어진 친구가 떠올라 "그 친구도 같은 노을을 보고 있겠지? 만약 보고 있다면 틀림없이 아름답다고 생각할 거야." 하고 되뇔 수도 있을 것입니다.

이때 우리는 아름다움을 둘러싼 불가사의한 사태에 직면합니다. 아름다움이란 노을이라는 객관(자연현상)에 속하는가 아니면 노을이 아름답다고 느끼고 있는 것은 나의 주관적 감정인가 하는 것입니다.

앞서 설명한 반성적 판단력이란 개념을 떠올려볼 때 아름다움이란 주관

문과 감성 폭발

적인 것임을 알 수 있습니다. 그런데 왜 우리는 친구도 노을을 보고 틀림없이 아름답다고 느낄 거라고 단정하는 걸까요?

이해관계 없이 '마음에 들다'

칸트는 이처럼 아름다움에 대한 경험을 분석해서 아름답다고 불리는 대상의 몇 가지 공통점을 찾아냈습니다. 그중에서 가장 중요한 것은 우리가 어떤 대상을 아름답다고 부르는 경우에 그 대상과의 만남에는 이해관계가 없다는 사실입니다. '이해관계를 가지고 대상을 본다'는 것은 거기에 있는 대상 그 자체를 보는 것이 아니라 '그것을 이용하자', '그것이 거기에 있을 만한 것인지 판단하자'라는 생각으로 보는 것입니다.

이해관계를 가지고 대상을 볼 경우 우리는 그것을 판단하기 위해 거기에 보이지 않는 지식과 관련짓거나 대상의 이용가치를 결정하려는 의도를 가진 수단으로써 평가합니다. 또, 대상의 도덕적 가치를 판단하기 위해 대상을 도덕법칙과 관련짓기도 하지요.

하지만 아름답다고 불리는 대상과 마주할 때 이해관계 따위는 아무런 상관이 없어집니다. 이해관계가 개입되면 진정한 아름다움과 만날 수 없습니다. 저녁노을이라는 자연현상을 과학적으로 이해하기 위해서 그것을 분석하는 일에 집중하거나 오직 내일 날씨를 예측하기 위해서만 하늘을 올려다보고 있는 한, 아름다움은 발견할 수 없을 것입니다. 아름다운 것은 이해관계와 상관없이 단지 우리 마음에 드는 것입니다.

하지만 우리는 매일같이 대부분의 경우에 이해관계를 가지고 이 세계의 개별 사건과 마주하고 있습니다. 이해관계 없이 대상과 만나는 경우가 거의 없는 것 같다는 생각도 듭니다. 칸트도 그 점을 들어서 아름다움과의 만남을 '은총'과 같은 것이라고 말했습니다. 즉, 미의 경험은 자신이 원한다고 해서 할 수 있는 것이 아닙니다. 그러한 경험을 할 기회는 하늘의 은총처럼 주어지는 것이지요.

무관심해야 아름답다

우리는 아름다움을 경험할 때 모든 이해관계에서 해방되어 있다는 사실을 인식해야 합니다. 아름다움과 만나는 것은 신체를 가진 '현실의 나'입니다. 이러한 내가 모든 이해관계에서 자유로워지는 순간이 있다면 그것은 자연 세계에 사는 내가 모든 욕망으로부터 자유로워지는 순간이 있다는 뜻입니다. 여기서 자연과 자유가 결합할 가능성이 열립니다.

또한 우리가 아름다움을 경험할 때 그 속에서 '무관심함'이라는 성질을 발견할 수 있습니다. 내가 어떤 대상을 아름답다고 판단할 때 나는 이해관계나 개인적인 욕망, 목적과 일절 관계없이 판단하기 때문입니다. 그러므로 이 판단에는 보편성이 있습니다. 다시 말하면 누구에게나 들어맞고 누구에게나 전달할 수 있다는 뜻입니다.

여기에 앞서 말한 아름다움의 불가사의가 드러납니다. 아름다운 것은 주관적으로 마음에 드는 것인데, 보편적으로 누구나 마음에 들어 하는 것이기도 하다는 불가사의 말입니다.

저녁노을이라는 자연현상을 알려고 하는 사람은 그것을 다양한(순수오성 개념을 포함해서) 개념을 사용해 객관적으로 설명하려 합니다. 하지만 그런 태도는 무관심한 것이 아니므로 이런 방법을 통해서는 아름다움을 경험할 수 없습니다. 아름다움은 주관적인 것입니다. 그런데도 우리는 자신만의 아름다움에 대한 판단을 보편적으로 누구에게나 들어맞는다고 생각합니다. 이것은 아름다운 것을 마음에 들어 하는 주관적인 사태를 누구에게나 전달할 수 있다는 사실을 뜻합니다.

칸트는 여기서 '현실에 존재하는' 내가 개별 대상에 관해 내리는 판단을 다른 사람에게 전달할 수 있다는 가능성을 찾았습니다. 개인으로 사는 내가 타인과 함께 살아갈 가능성을 시사하는 것이라고 볼 수도 있을 것입니다. 물론 이것이 모든 사람이 같은 의견을 갖고 있다는 뜻은 아닙니다. 개개인이 주관적인 의견을 가지고 있다는 사실을 인정하면서 서로 의견을 전달할 가능성도 발견할 수 있다는 뜻입니다. 주관적인 의견을 제시하며 토론할 가능성이 생긴다는 것을 뜻하기도 하지요.

여기에 소개한 내용은 칸트가 아름다움의 경험에 대해 분석한 것의 일부분에 지나지 않습니다. 하지만 우리가 자연 세계의 한 사람으로 살며 이해관계에서 자유로운 상태가 될 가능성이 있다는 사실을 확인할 수 있습니다. 또한 그러한 상태에서 내린 판단을 보편적으로 전달할 수 있다는 사실도 알 수 있습니다.

우리가 이 세계에서 아름다움을 경험하고 있다는 사실은 인간에게 보편적인 도덕성을 실현할 가능성도 있다는 것을 시사합니다. 이 점을 들어 칸트는 '아름다운 것은 도덕적으로 선한 것의 상징이다'라고 말했습니다. 물론 아름다움과 선은 같은 것이 아닙니다. 선은 절대 무관심한 것이 아니기 때문입니다. 그러므로 칸트는 아름다움을 선에 대한 '상징'이라고 말하면서 이 두 가지의 혼동을 피했습니다.

4. 숭고함의 경험

밤하늘의 빛나는 별

칸트는 『판단력비판』의 전반부에서 아름다운 것과 함께 숭고한 것을 대상으로 논의를 전개하고 있는데, '미와 숭고'는 그와 동시대를 살았던 다른 철학자들도 관심을 가졌던 주제였습니다. 아일랜드의 에드먼드 버크(Edmund Burke, 1729~1797)는 1757년 런던에서 『숭고와 아름다움의 이념의 기원에 대한 철학적 탐구』를 간행했으며, 젊은 시절의 칸트 또한 1764년 『아름다움과 숭고함의 감정에 관한 고찰 *Beobachtung über das Gefühl des Schönen und Erhabenen*』을 출간했습니다.

그렇다면 숭고한 감정을 불러일으키는 것은 어떤 것(개별 물체)이 있을까요? 『실천이성비판』의 맺음말에 나오는 '밤하늘의 빛나는 별'이 그 전형적인 예입니다. 아름답게 반짝이는 별들을 평면적으로만 인식하지 말고, 그 별들이 떠 있는 하늘의 깊이를 상상해 보기 바랍니다. 이때 우리가 파악하려는 것은 엄청나게 크고 우리의 상상력이 쫓아갈 수조차 없으며 어떠한 비교도 뛰어넘어 그저 '크다'라고 표현할 수밖에 없는 우주공간입니다. 칸트는 이처럼 절대적으로 '큰' 것과의 만남이 숭고한 감정을 불러일으킨다고 말했습니다.

압도적인 힘도 마찬가지입니다. 예를 들어 태풍의 영향으로 거칠어질 대로 거칠어진 바다 같은 것을 들 수 있겠지요. 거친 바다를 눈앞에서 봤을 때 그 강력한 힘이 우리에게 숭고한 감정을 불러일으킨다고 했습니다.

이렇게 살펴보다 보면 숭고함에도 불가사의함이 있다는 사실을 깨닫게 됩니다. 어떤 대상에 대해서 '숭고하다'고 판단할 때도 우리는 '마음에 든다'라는 감정을 갖는데, 그러한 감정을 불러일으키는 것은 절대적으로 크고, 그 규모를 파악할 수 없는 것이라는 사실입니다. 이것은 아름다운 것이 '마음에 드는 것'이라는 뜻과는 아주 다릅니다.

그런데 더 나아가서 생각해보면 애초에 파악할 수 없는 것을 '대상'으로 삼을 수 있을까요? 숭고함은 확실히 '마음에 든다'라고 하는 상태에 있지만 아름다움의 경우와는 달리 간접적인 것이라고 말할 수 있습니다. 왜냐하면, 우리가 파악하기 어려운 것과 직면했을 때 그 파악하기 어려움 때문에 한순간 주저하게 되는데, 그 주저함으로 인해 마음이 더 강하게 움직이기 때문입니다. 이와 같은 감정은 '엄숙한 고양(高揚)'이며 그야말로 '감동'이라고 부를 만한 것이기도 합니다.

내 안의 도덕법칙

그렇다면 파악하기 어려운 것에 감동할 때 우리는 과연 무엇에 감동하는 걸까요? 밤하늘을 올려다보며 별이 아름답다고 생각하는 정도가 아니라 대우주를 마주하고 그 속에서 자신은 먼지처럼 작게 느껴지면서 감동할 때 우리는 무엇에 감동하는 걸까요? 거센 파도가 몰아치는 망망대해를 보고 그 강인함에 압도되면서 감동할 때는 어떤가요? 여기에서도 논의는 신체를 가진 '현실의 나'에서 벗어나지 않습니다.

숭고한 것은 자연 세계가 아니라 여러분 마음속에서 찾아야 합니다. 그것은 아름다움과 같이 직접 '마음에 드는' 것은 아니지만, 경외심을 품지 않을 수 없는 것입니다. 칸트는 그 정체를 『실천이성비판』의 맺음말에서 '밤하늘의 빛나는 별'과 함께 '내 안의 도덕법칙'을 꼽았습니다. 따라서 자연의 개별 대상과 만나 그것을 숭고하다고 판단할 때 우리는 알게 모르게 자신의 내면으로 시선을 옮겨 나의 도덕의식과 도덕적 능력에 대한 경외심을 새로이 하는 것입니다.

　우리는 작은 존재이지만 인류가 함께 노력함으로써 대우주의 법칙을 조금씩 밝혀나갈 수 있습니다. 또한 약한 존재이기는 하지만 보편적인 선을 실현하는 데 이바지할 수 있습니다. 예를 들어 훌륭한 피아노 연주를 듣고 감동하는 경우를 생각해 봅시다. 우리는 훌륭한 연주를 하게 되기까지 피아니스트가 얼마나 노력했는지 헤아립니다. 이때 분야는 달라도 자신 또한 노력하면 무언가를 실현할 수 있는 능력이 있다고 생각하지 않을까요?

꼬옥~

숭고함은 아름다움과 마찬가지로 자연 세계에 '현실적으로 존재하는' 내가 품는, 보편적으로 전달 가능한 감정이지만 아름다움보다 더 명확하게 도덕적인 선의 가능성과 연결된 감정이라는 사실을 알 수 있습니다. 숭고한 것은 자연 안에 사는 우리가 그것과 마주함으로써 우리의 도덕적 가능성 즉, 자유의 가능성을 의식하게 합니다.

5. 목적론적 관점

기계론적 자연관

자연 안에 사는 우리는 자연계의 개별 대상과 만남으로써 아름다움과 숭고함을 상기하게 되고 자유롭고 선한 의지를 갖고 행위할 가능성을 찾아냅니다. 이때 행위의 결과가 나타나고 그 행위의 목적이 실현될 세계는 다양한 개별자들로 이루어진 세계입니다. 그런데 이 다양성이 무질서하고 혼란스러움으로 바뀌어 세계가 엉망진창이라면 어떨까요? 우리는 그러한 다양성 안에서 도덕적이고 보편적인 목적(최고선)을 실현할 수 있을까요?

우리는 『순수이성비판』을 통해 자연현상의 세계에서 법칙성을 찾아낼 근거를 획득했습니다. 이것은 인식이 대상을 따라가는 것이 아니라 '대상이 인식을 따라간다'는 일종의 발상의 전환입니다. 즉, 자연계 질서의 원천은 다양한 자연현상이 아니라 현상을 인식하는 쪽에 있다는 생각입니다.

하지만 이처럼 다양한 개별자로 이루어진 자연 세계에서, 자유를 기반으로 한 보편적인 목적을 실현할 수 있다고 판단할 수 있을까요? 여기서도 문제가 되는 것은 아름다움과 숭고함 또한 자연 쪽이 아니라 그것을 판단하는 주관(보는 존재) 쪽입니다. 따라서 판단의 대상이 되는 것은 반성적 판단력입니다. 단, 이 판단은 행위의 결과가 나타나는 객관(보이는 존재)의 세계에서 행해지는 것입니다.

여기서 자연을 보는 방법에 대해 생각해 봅시다. 자연물을 이해하기 위해서 먼저 무엇을 해야 할까요? 우선 가능한 한 작게 나눠야 하지 않을까요? 암석을 쪼개어 그 성분을 확인하는 것이나 식물의 세포를 현미경으로 관찰하는 것처럼 말입니다. 그리고 그 세세한 부분이 그것을 포함하고 있는 전체와 어떤 관계를 맺고 있는지를 알았을 때 그 자연물을 알았다고 할 수 있습니다. 예를 들어 대상이 되는 자연물이 암석이라면 암석의 성분을 모두 분명하게 밝힐 수 있다면 그 성분의 합이 암석이라고 할 수 있는 것처럼 말입니다. 이것은 시계의 구조를 이해하고자 하는 사람이 시계를 분해해서 하나하나의 부품을 확인한 다음 그것들을 다시 조립해 시계를 복원하면 시계의 구조를 이해했다고 생각하는 것과 같습니다.

자연을 이런 시선으로 바라보는 것을 '기계론적 자연관'이라고 합니다. 이러한 자연관은 세계 역사를 통틀어 봤을 때 근대에 와서 주류가 된 비교적 새로운 생각입니다. 그 이전에 지배적이었던 것은 '목적론적 자연관'입니다.

목적론적 자연관
우리는 자연물을 관찰하다 그 정교함에 감탄할 때가 있습니다. 이를테면

길가를 어슬렁거리는 고양이를 보면서 그 완벽한 모습에 감탄하는 경우가 있지요. 고양이에게는 쓸모없는 부분이 없고 모든 부분이 무언가를 위해서 잘 만들어져 있습니다. 이때 우리는 모든 부분이 어떤 목적에 의해 결정되었고, 그 목적에 적합하다고 판단합니다. 이런 경우 '합목적성'이 있다고 말하지요. 이처럼 자연물이 가지고 있는 합목적성을 이해하는 것이 자연물을 이해하는 것으로 생각하는 것을 '목적론적 자연관'이라고 합니다.

　그런데 여기서 한 가지 의문이 생깁니다. 우리는 시계를 분해할 때도 그 부분이 '무엇을 위해서' 그런 형태를 하고 있는지를 이해하려고 합니다. 이렇게 보면 기계론적 자연관과 목적론적 자연관에 별다른 차이가 없는 것으로 보이기도 합니다. 하지만 이것은 시계 장인의 의도를 시계의 부품에서 찾으면서 그 부품에도 목적이 내재하는 것처럼 여기는 것과 같습니다.

　부품 그 자체에는 목적이 있는 것이 아닙니다. 톱니바퀴에게 무엇을 위해서 움직이고 있는지를 물어봐도 아무 소용이 없겠지요. 기계론적 자연관은 이처럼 자연에 목적이 내재한다는 생각을 배제합니다. 그런데도 목적론적 자연관이 주류를 이루었던 시대가 길게 이어졌던 까닭은 무엇일까요? 시계 같은 기계와 달리 자연 세계는 부분의 합이 전체라고 단정할 수는 없기 때문입니다.

　동물이나 식물은 부분(장기와 세포)의 합이기는 하지만 부분이 살 때 전체가 사는 동시에 전체가 살 때 부분이 삽니다. 시계는 전체가 부서져도 톱니바퀴는 톱니바퀴지만, 고양이는 죽으면 그 세포도 결국 붕괴해 버립니다. 이와 같은 자연물을 유기체라고 부릅니다. 유기체에는 자신과 비슷한 형태를 하고 비슷한 성질을 가진 것을 만들어내는 특징이 있습니다. 이것은 기게에게 기대할 수 없는 일이지요.

반성적 비판력과 합목적성

칸트의『순수이성비판』은 자연현상을 관통하는 보편적이고 필연적인 질서를 근거로 하는 것이었습니다. 거기에는 자연법칙의 질서가 무언가를 위해 존재한다는 생각은 일절 수용하지 않습니다. 그런 면에서 칸트는 이 책에서 기계론적 자연관을 보여주었다고 할 수 있을 것입니다.

한편 칸트는『판단력비판』에서 반성적 판단력을 사용해 아름다운 것을 이해관계로부터 완전히 자유로운 태도로 대할 때 비로소 그것을 마음에 든다고 느낄 수 있다고 말했습니다.

일반적으로 무언가가 마음에 든다는 것은 그것이 목적에 적합하다는 뜻이고, 결국 그 무언가가 합목적성을 가지고 있다는 뜻입니다. 그렇다면 아름다운 것과 무관심함의 만남이란 '목적이 없는데 합목적성을 가지고 있는 것'처럼 보이는 특별한 경우임을 알 수 있습니다. 이때 칸트는 합목적성을 판단하는 능력을 반성적 판단력이라 말합니다. 이 반성적 판단력으로 자연 세계를 바라봄으로써 우리는 또다시 자연을 이해하는 데 목적론적 자연관을 활용할 수 있게 됩니다.

여기서 짚고 넘어가야 할 중요한 사항이 있습니다. 그것은『판단력비판』에서 목적론적 자연관의 활용 가능성을 시사했다고 해서 칸트가 자연에 목적이 내재한다고 생각한 것도 아니고, 자연물은 무언가 초자연적인 목적에 따라 만들어졌다고 생각한 것도 아니라는 사실입니다. 오히려 그런 생각은 반성적 판단력의 견해로서 주관적으로 '마치 그러한 것처럼' 판단되는 것에 불과합니다. 여기에서도 비판 철학자 칸트는 '나눈다'는 관점을 가지고 사태를 엄격하게 바라보고 있습니다.

물고기에게 강이란

목적론적 자연관을 가지고 자연물을 볼 때 우리는 먼저 생명을 가진 것, 다시 말하면 유기체를 이해할 수 있게 됩니다. 왜냐하면 합목적성을 발견할 수 있기 때문입니다.

다음으로 유기체와 그것을 둘러싼 환경과의 관계에서도 합목적성을 찾아낼 수 있습니다. 예를 들어 산에서 바다를 향해 흐르는 강과 물고기의 관계를 생각해 봅시다. 어떤 물고기는 강 상류에서 태어나 바다를 향해 헤엄쳐 가는 동안 성장하고, 다시 강 상류로 거슬러 올라가 알을 낳고 생애를 마칩니다. 이런 물고기에게 산, 강, 바다라는 자연환경은 합목적성을 가진 것입니다.

이러한 자연에 대한 이해를 자연 전체에 적용하면 어떨까요? 이때 우리는 자연 그 자체도 전체로서 합목적성을 가진다고 생각할 수 있는데, 이것은 자연 전체가 무언가를 위해 존재한다고 생각하는 것입니다. 그렇다면 자연은 과연 무엇을 위해 존재하는 걸까요? 이 물음은 궁극적인 질문이기 때문에 이때의 '무엇'은 수단으로서 다른 어떤 것을 위해 있는 것이 아니라 목적 그 자체인 것이 아니면 안 됩니다. 과연 그런 것이 있을까요?

우리는 칸트의 실천철학을 통해 그것이 무엇인지를 이미 알고 있습니다. 바로 인간입니다. 그가 인간을 '목적 자체'라고 표현했던 것을 떠올려 보기 바랍니다. 자연은 인간이 보편적으로 공유하는 목적인 최고선을 위해 존재하는 것입니다.

이렇게 칸트는 다양한 개별자로 이루어진 자연 세계를, 마치 최고선의 합목적성을 갖는 것으로 이해할 가능성을 찾아냈습니다. 자유와 자연이 결합할 가능성을 '보는 존재'로서의 인간을 통해 찾아낸 것입니다.

보편성을 가진 자연현상을 논한『순수이성비판』과 보편적인 도덕성에 바탕을 둔 자연을 논한『실천이성비판』, 그리고 그 둘로 인해 확실해진 자연과 자유의 결합 가능성을 분명히 한『판단력비판』으로 비판철학자 칸트의 임무는 끝이 납니다. 칸트는『판단력비판』서문 후반부에서 다음과 같이 말했습니다.

"나는 이것으로 나의 모든 비판 작업을 끝낸다. 더 노쇠하기 전에 이 작업을 하기 위해 내가 이용할 수 있는 시간을 어떻게든 확보해 즉시 이론을 정립하는 작업에 착수할 것이다."

칸트는 인간 마음의 모든 능력을 비판함으로써 선험적 원리를 이끌어내는 작업을 끝내고 '이론을 정립하는 작업'으로 옮겨갔습니다. 이것은 선험적 원리를 가지고 최고선을 실현하는 데 필요한 사상을 제시하는 작업이었습니다.

제**5**장
최고선을
지향하는 우리

『영원한 평화를 위하여』를 중심으로 1790년대의 칸트를 읽다

발트 해의 석양

1. 인간에게는 악이 깃들어 있다!

우리가 사는 사회의 현실은

칸트가 세 비판서에서 거둔 성과는 우리에게 큰 용기를 줍니다. 우리는 자유로울 수 있으며 그 자유를 바탕으로 보편적이고 도덕적인 선을 실현할 능력 또한 가지고 있으므로 이 세계에서 최고선을 지향할 수 있음을 밝혔기 때문입니다.

'그렇다면 이제 인류사회에서 최고선을 실현해줄 칸트의 사상을 펼쳐나가는 일만 남았군요!' 하고 생각하는 사람도 있을지 모르겠습니다. 하지만 칸트는 여기서 한 번 더 멈춰 섭니다. 최고선을 실현해야 하는 세계는 우리가 실제로 사는 바로 이 세계입니다. 그런데 이 세계의 현실을 있는 그대로 바라보면 어떤가요? 우리가 구해낸 자유와 도덕적 선이 실현되고 있나요? 그렇지 않습니다. 오히려 악이 만연하고 있죠. TV와 신문에서 좋은 뉴스도 보도되지만 그것은 '가끔 있는 훈훈한 이야기' 정도에 지나지 않습니다.

이런 사회에서 최고선을 지향한다는 것이 가능할까요? 만약 당신이 선하게 살려고 하는데 주위에는 온통 나쁜 사람들만 있다면 어떨까요? 모두가 나쁜 사람이라고 한다면 그 '모두'에는 당신 또한 포함되는 것 아닐까요? 그렇다면 당신도 사실은 나쁜 사람일지도 모릅니다. 최고선을 지향하는 칸트가 멈춰 서서 바라보는 것은 현실 세계에 존재하는 도덕적 악입니다.

우리가 자유롭다고 의식할 때 그 의식은 선을 실현할 가능성을 비춰주지

민, 동시에 악을 행할 수도 있습니다. 자유의 가능성은 선뿐만 아니라 악에도 열려 있는 것이지요. 확실히 인간은 도덕법칙을 의식할 수 있습니다. 더 나아가 다른 이들을 행복하게 하는 문화를 꽃피울 수도 있고, 타인과 함께 살면서 자신의 생존뿐 아니라 인류 그 자체를 유지할 수도 있습니다.

하지만 문화의 발전은 인간에게 경쟁심을 불러일으키고 자기애와 밀접한 관련이 있는 생존이나 성 욕구 또한 불러옵니다. 경쟁심이나 생존 욕구, 성적 욕구도 그 자체로는 나쁜 것이 아닙니다. 하지만 그것들은 타인을 앞지르기 위해 '나 하나쯤은 (도덕법칙에 반하는 일을 해도) 괜찮겠지'라는 마음이나 일시적인 만족감을 얻기 위해 '이번 딱 한 번만이야'라는 나약한 마음을 낳기도 합니다. 우리는 인류사회에 만연한 악을 보면서 인류에게는 악함이나 악함으로의 '치우침'이 있다고 인정하지 않을 수 없습니다.

근원악을 없앨 수 있을까?

칸트는 인간이 가지고 있는 '치우침'의 근원을 찾았습니다. 그가 발견한 것은 최고선을 이루는 두 가지 요소의 역전(逆轉)입니다. 그는 최고선이란 '도덕적으로 선하게 삶으로써 행복해지는 것'이라고 말했습니다. 이 말은 최고선이 도덕성과 행복이라는 두 요소로 이루어져 있는데, 그 기본 전제는 무조건적인 도덕성이라는 뜻입니다. 하지만 우리는 때때로 '행복해지기 위해(행복해질 수 있다면) 도덕적으로 살자'고 생각합니다.

본래 하나의 요소로 최고선에 포함되어야 하는 행복이 도덕적으로 사는 것의 조건이 되는 역전 또는 도착(倒錯)이 발생하는 것이죠. 그리고 이 도착이야말로 행복에 대한 욕구를 품고 사는 인간을 '약함'과 '악함'으로 치우치게 하는 원인이며 인류사회에 만연한 악의 근원입니다. 그런 의미에서 칸트는 이와 같은 도착을 '근원악'이라고 불렀습니다(『이성의 한계 안에서의 종교』 제1부).

그렇다면 인류는 왜 '근원악'을 떠안게 되었을까요? 이 물음에 대해서는 인간이 자유롭기 때문이라고 밖에는 대답할 길이 없습니다. 만약 근원악이 이미 인간 본성에 뿌리박혀 있다면 근원악은 자유를 바탕으로 하는 것이 아닙니다. 또한 근원악이 본성이라면 근원악은 이미 악한 것이 아닌 게 됩니다. 자유 없이는 선악도 없습니다. 인간이 자신의 자유에 기반해 근원악을 떠안고 있다는 사실을 우리는 인류의 역사 즉, 인류 사회에서 일어난 수많은 사건을 통해 확인할 수 있습니다.

이것은 정말 난처한 일이 아닐 수 없습니다. 어떤 전염병이라도 그 원인을 밝혀내면 근절할 수 있습니다. 하지만 근원악은 원인을 특정할 수 없으므로 근절할 수도 없습니다. 칸트도 이를 인정하고 '인간은 선천적으로 악하다'라는 주장을 펼칩니다. 꽤 절망적이지요? 그렇다면 최고선을 지향하는 일 따위는 애당초 불가능한 것일까요?

그렇지 않습니다. 우리는 이미 도덕법칙 의식을 통해 도덕적 선을 실현할 가능성을 손에 쥐었기 때문입니다. 밝은 빛이 짙은 그림자를 만들어낸다고 해서 빛의 밝기가 무의미해지거나 해를 입는 것은 아닙니다. 우리는 자기 자신에게 깃든 악을 향한 치우침과 맞서 싸울 수 있습니다. 그런 의미에서 칸트는, 인간은 근원악을 근절할 수는 없지만 그것과 투쟁해서 제압할 수는 있다고 주장합니다.

근원악과의 투쟁

이와 같은 칸트의 생각은 우리를 또다시 나 자신과의 싸움으로 이끕니다. 하지만 이번 투쟁의 상대는 개인의 욕망 정도가 아니라 인류 규모의 근원악입니다. 그렇다면 근원악과 투쟁할 때 우리는 어떤 문제에 봉착할까요? 『이성의 한계 안에서의 종교』 제3장에 밝힌 칸트의 생각을 살펴봅시다.

> "인간은 인간들 사이에 있으면 서로 질투하고, 지배욕, 소유욕과 함께 적대적인 경향성을 드러내 서로의 본성에 공격을 퍼붓는다. 이런 일을 하는 사람이 특별히 악한 것도 아니다. 인간의 도덕적 소질을 부패시키고 악하게 하는 데는 인간들이 거기에 있고, 서로 둘러싸고 있다는 것만으로, 그리고 그것이 인간이라는 사실만으로도 충분하다."

칸트는 인간이 인간들 사이에 있는 것만으로, 설령 그 인간들이 악인이 아니더라도 도덕적으로 선하게 살 소질을 망친다고 말합니다. 왜일까요? 그 이유는 누구나 행복을 바라지만 자기만의 행복관이 없어서 끊임없이 타인과 자신을 비교하기 때문입니다. 타인이 부러울 때 우리는 자신이 불행하다고 느끼고, 타인이 자신을 부러워할 때 우리는 행복하다고 느낍니다. 이것이 인간 본성의 한 면이지요.

인격의 존엄을 이야기하고 '목적의 왕국'을 지향하는 칸트가 이런 생각을 하고 있었다는 사실은 놀랄 만합니다. 하지만 그는 인류에게 깃든 근원악을 주시하면서 최고선을 향한 멀고 험난한 길을 내다보고 있습니다.

사람들에게 둘러싸여 있는 것만으로도 질투에 사로잡혀 개인의 도덕적

소질이 망가진다고 해도 우리는 인간사회에서 떨어져 살 수 없습니다. 우리는 모두 인간 세상 속에서 태어나고 자랐기 때문입니다. 그렇다면 어떻게 해야 할까요?

인류의 과거를 돌아보면서 인간의 본성이라고 하는 자연적 사실만 바라봐서는 해답을 찾을 수 없습니다. 오히려 자신의 자유를 바탕으로 함께 살면서도 서로를 타락시키지 않고 존중하며 서로 지지해주는 인간사회를 새롭게 구상해야 합니다. 그리고 그 구상에 따라 살아야 하고요. 만년의 칸트가 몇몇 논문과 『도덕 형이상학*Grundlegung zur Metaphysik der Sitten*』에서 논한 것이 바로 이런 문제입니다.

2. 권리의 영역을 확립하라

자유, 내가 나의 주인일 것

나, 그리고 다른 모든 이에게 악이 깃들어 있다면 우리는 무엇을 해야 할까요? 가장 먼저 나의 악이 타인을, 타인의 악이 나를 해치는 일이 없도록 해야 할 것입니다. 그렇다면 타인과 어떤 관계도 맺지 않기 위해 모두가 따로 떨어져서 살아야 할까요? 그것은 불가능합니다. 우리는 지구라는 땅에 함께 살고 있습니다. 어떤 방법을 쓰더라도 타인과 접촉하지 않을 수는 없습니다. 따라서 우리는 각자의 도덕적 선에만 기댈 것이 아니라 타인과 함께 악을 제압할 수 있는 사회제도와 체제를 만들어야 합니다.

그런데 '나를 침해한다'든지 '타인을 침해한다'고 말할 때 정확히 '무엇을' 침해하는 것일까요? 누구나 침해당할 가능성이 있는 가장 근본적인 것이 무엇인지를 생각해봅시다. 그것은 내가 나인 것, 당신이 당신인 것입니다. 애초에 내가 나 자신으로 있을 수 없다면 어떤 침해를 당했을 때 '나에 대한' 침해를 당했다고 할 수 없을 것입니다.

그렇다면 내가 나 자신으로 있는 데 필요한 것은 무엇일까요? 바로 자유입니다. 자유가 없으면 나는 타인에게 지배당할 수밖에 없으며, 나 자신으로 있을 수 없습니다.

정리해 보자면 내가 나의 주인일 자유를 침해하는 것과 당신이 당신의 주인일 자유를 침해하는 것이야말로 가장 근본적인 침해이며 이를 저지하는 일이 우리의 가장 시급한 과제입니다.

물론 제도나 체제가 정비되기 전이라 하더라도 누군가가 당신의 자유를 침해하려고 할 때 그것을 저지하는 것은 올바른 일입니다. 반대로 당신이 누군가의 자유를 침해하려고 하다가 저지당했다면 그것 또한 올바른 일입니다.

자유라고 하는 인권

도덕법칙이야말로 우리에게 자유를 인식시켜 주었다는 사실을 떠올려 봅시다. 도덕법칙은 우리 행위의 격률에 대해 그 보편성을 묻고, 보편성을 존중할 것을 요구합니다. 즉, 도덕법칙은 우리에게 의지의 자유를 의식하게 하면서도 그러한 자유를 보편적으로 존중하도록 명령하고 있는 것이죠. 칸트는 『도덕 형이상학』 제1부 '법론(法論)의 형이상학적 원리'에서 다음과 같이 말했습니다.

"누구의 어떤 행위라도 그 행위 또는 그 행위의 격률에서 봤을 때 그의 자유로운 선택의지가 다른 사람의 자유와도 보편적 법칙에 따라서 양립할 수 있다면 그 행위는 올바르다."

여기서 '올바르다'는 말은 '그렇게 할 권리가 있다'는 뜻입니다. 따라서 우리에게는 보편성의 이름으로 타인의 자유와 양립하는 한 자유롭게 행위할 권리가 있으며 누구에게도 휘둘리지 않을 권리가 있는 것입니다. 칸트는 이러한 권리로서의 자유를 누구나 태어날 때부터 가지고 있는 유일한 권리 즉, '생득적 권리'라고 주장했습니다. 자유는 도덕법칙을 의식하는 인간이 단지 인간이라는 이유만으로 자타를 불문하고 인정받는 권리이기 때문입니다.

우리는 여기서 칸트의 뛰어난 인권사상을 발견할 수 있습니다. 인권사상이 보편성이라는 의식과 함께 제기되고 있기 때문입니다. 헌법이 국민의 기본 인권을 보장한다는 사실을 우리는 모두 알고 있습니다. 하지만 칸트가 발견한 자유라는 인권은 분명 보편적인 것이며 하나의 국가 안에 머무는 것이 아닙니다. 생득적 인권은 국경 앞에서 멈춰 서는 것이 아니기 때문입니다.

인권의 이름으로 나의 자유는 '나의 것'이며 당신의 자유는 '당신의 것'입니다. 하지만 우리는 더 다양한 '나의 것/너의 것'이 존재한다는 사실을 알고 있습니다. 예를 들어 당신이 사용하는 연필은 누군가에게 빌린 것이 아닌 한 당신의 것이며, 당신이 용돈을 모아서 산 뒤 소중하게 보관하고 있는 콘서트 티켓 또한 당신의 것입니다.

하지만 그 연필이나 콘서트 티켓은 다른 사람의 것일 수도 있었습니다. 그런데 그것들은 왜 당신의 것이라고 할 수 있을까요? 당신이 샤프를 손에 들고 있기 때문일까요? 그것들을 책상 위에 두고 화장실에 간다고 해도 여전히 당신 것이잖아요? 그것을 받거나 사서 손에 넣고, 타인에게 주는 일 없이 내 것으로 삼고 있으니 당신의 것일까요? 그것만으로는 충분하지 못합니다. 특히 얼굴 한 번 본 적 없는 타인에게 당신이 그것을 누군가에게 받았든 얼마의 돈을 지급하고 샀든 그것은 전혀 상관없는 일입니다. 그런데도 그것들은 당신의 동의 없이는 누구도 그것을 자신의 것으로 삼거나 사용할 수 없습니다. 귀찮은 일인 것 같지만, 이것은 우리가 '나의 것/너의 것'이라는 의식을 가질 때 일상다반사로 일어나는 상황입니다.

'나의 것/너의 것'에 대한 보장

칸트는 자유와 같은 생득적 권리를 '내적인 나의 것/너의 것'이라고 부르고, 자유에 기반하여 획득한 것을 '외적인 나의 것/너의 것'이라고 불렀습니다. 전자는 타인에게 침해당하는 일은 있어도 빼앗기는 일은 없는데, 후자는 타인에게 빼앗길 가능성이 있습니다. 후자를 철저히 빼앗긴다면 우리는 자유를 토대로 하여 나 자신으로 있기 어려워질 것입니다. 그러므로 우리는 '나의 것/너의 것'이 보장되는 체제를 만들어야 합니다. 그것이야말로 나의 악이 타인을, 타인의 악이 나를 해치는 일이 없게 해줄 테니까요.

'나의 것/너의 것'을 보장하기 위해서는 어떻게 하면 좋을까요? 이 질문에 대해서 여러분은 이렇게 답할지도 모릅니다.

"그런 문제에 대해서는 고민하지 않아도 돼요. 내 것은 내 거니까 만약 누군가가 가져가면 다시 찾아오면 되지요. 만약 그게 안 되면 경찰에 신고하면 되지 않을까요?"

이것은 여러분이 이미 어느 정도 권리를 보장받는 상태에서 살고 있다는 사실을 보여줍니다. 칸트는 이러한 상태를 법이 지배하는 상태라는 의미로 '시민적 상태'라고 불렀습니다. 정치권력과 법적 체제가 존재하지 않는 '자연상태'와 반대되는 개념이지요. 사람은 권리를 보장받기 위해 자연상태에서 떠나 시민적 상태로 들어와야 합니다. 따라서 국가 체제의 수립이 요구되는 것입니다.

사회계약론과 칸트

국가의 필요성에 대한 칸트의 논의 진행 방식은 17세기에서 18세기 사이 영국과 유럽의 여러 나라에서 찾아볼 수 있는 '사회계약론'과 비슷합니다. 여러분도 홉스, 로크, 루소 등의 이름과 함께 한 번쯤은 들어본 적이 있을 것입니다.

예를 들어 홉스는 법적 체제가 모자란 자연상태는 '만인의 만인을 향한 투쟁'이될 것이라고 했습니다. 그러한 투쟁 상태에서는 자기 자신의 생존조차 보장받을 수없습니다. 그러므로 생존하고 싶다면 상호 간에 계약을 맺고, 주권(국가)을 형성해서강력한 법적 체제(리바이어던)에 들어가야 한다고 생각했지요. 이처럼 국가 형성 이전의 상태를 상상해보고, 생명과 재산, 자유를 지키기 위해 국가가 필요하다고 주장하면서, 국가가 있는 것이 좋은 이유를 설명하려는 이론을 일반적으로 '사회계약론'이라고 부릅니다.

칸트 또한 '자연상태'나 '계약'이라는 용어를 사용해 자신의 이론을 설명했습니다. 단, 그의 이론은 생명과 재산을 지키기 위해 국가의 일원으로 살라는 것이 아닙니다. 우리는 도덕법칙을 기본으로 인간의 보편적 권리인 자유를 인식하고, 그것에기초해 나의 것은 나의 것, 너의 것은 너의 것이라는 올바른 상태를 보장하는 국가를 구상하는 것입니다.

칸트가 구상하는 국가체제

국가체제에는, 개인과 국가 간 또는 국가 기관 간의 공적인 관계를 규율하는 공법(公法)이 있습니다. 칸트는 이 공법에 세 가지 권력이 포함된다고 했는데 바로 입법권, 행정권, 사법권입니다. 삼권분립이지요. (여기서 잠깐, 갑자기 화제가 국가로 확장되고 있다고요? 그렇다고 하더라도 여러분은 스스로 생각하는 주체로서의 관점을 잃어서는 안 됩니다.)

칸트는 입법이 대의제에 따라 이루어져야 한다고 주장했습니다. 애초에 국가는 우리의 권리를 보장하기 위해 세워진 것이므로 국가의 주권자는 어디까지나 국민이기 때문입니다. 따라서 우리는 태만에 빠지지 말고 국가에서 제정되는 법에 대해 스스로 생각하고 판단하지 않으면 안 됩니다.

또한 입법부와 행정부는 구별되어야 한다고 밝혔습니다. 규칙(법)을 만드는 사람들과 그것을 실제로 운용하는 사람이 같으면 규칙을 만들어 운용하는 사람들이 자신의 이익에 따라서 규칙을 만들 위험이 있기 때문입니다. 칸트가 인간에게서 '악함'을 찾아냈다는 사실을 떠올려 보세요.

게다가 인간은 잘못된 판단을 할 가능성이 있으며 애초에 '약한 존재'입니다. 따라서 우리는 위법행위와 전혀 관련이 없을 거라는 보장이 없습니다. 그러므로 '나의 것/너의 것'을 법에 따라 결정할 사법권이 확립되어야 합니다.

적법성과 도덕성

여기서 한 가지 요점을 확인해봅시다. 법이 지배하는 상태에서는 위법행위를 행해서는 안 된다는 외부의 강제력이 있으며, 위법행위를 하면 형벌을 받는다는 심리적 압박도 있습니다. 이러한 상태는 칸트가 도덕론의 중심에 놓은 '자율'과, 선한 의지를 바탕으로 한 행위만을 인정한 '도덕성'을 무시하는 것일 수 있습니다. 또한 표면적으로만 규칙에 합당해 보이는 행위나 다른 동기 때문에 규칙을 따르는 행위 즉, '적법성'밖에 없는 행위를 낳는 것일 수도 있지요. 하지만 그는 분명하게 주장합니다. 무엇이 법적으로 올바른가, 올바르지 않은가 하는 문제가 제기될 때 우리는 행위의 동기를 묻지 말아야 한다고 말입니다.

우리는 대부분 범죄행위나 범인을 자연 현상처럼 명확하게 인식할 수 있습니다. 그리고 위법행위를 막고 인간의 권리가 침해받지 않는 상태를 유지하는 것이 법의 역할이지요. 반면 선한 의지나 행위의 동기를 물을 때는 자연 현상과 같은 방식으로 인식할 수 없는 자유의 영역에서 생각합니다. 명확하게 확인할 수 없는 것에 대해 타인을 함부로 판단해서는 안 된다는 사실은 분명합니다.

국제법과 세계시민법

이처럼 칸트는 '나의 것/너의 것'이라는 권리를 보장받기 위해 국가가 필요하다고 생각했습니다. 하지만 하나의 나라에 국내법이 정비되었다고 하더라도 그 나라 바깥에는 또 다른 나라들이 있습니다. 다른 나라들과 아무런 협약도 맺지 않는다면 그것 또한 일종의 자연상태에 놓여 있다고 할 수 있습니다. 따라서 국가와 국가 간의 조약을 맺어 국제관계를 법의 지배하에 놓을 필요가 있습니다. 여기서 성립되는 것이 국제법입니다.

세계 여러 나라에 사는 사람들은 모두 지구라는 닫힌 공간에서 살며 상호관계를 맺고 있습니다. 이때 국가와 국가 간의 관계와는 별도로 개인이 자국 이외의 국가와 관계하는 경우, 예를 들어 해외여행을 하려고 국경을 넘는 경우 무엇이 법적으로 옳은지를 따지게 됩니다. 여기에서 세계시민법이 성립됩니다. 칸트는, 인권은 국경에서 멈추지 않는다고 했습니다. 칸트의 법과 권리의 사상은 이처럼 지구 규모로까지 확대되었습니다.

3. 정치적 최고선으로서의 영원한 평화

『영원한 평화를 위하여』, 왜 영원한 평화가 필요한가

칸트가 법을 바탕으로 한 제도와 체제에 관해 체계적으로 논한 것은 1797년에 출간된 『도덕 형이상학』 제1부에서입니다. 이 책의 맺음말에서 그는 '나의 것/너의 것'을 최종적으로 보장하기 위해서는 '보편적이고 지속적인 평화' 수립이 필요하며 '영원한 평화'야말로 '최고의 정치적 선'이라고 썼습니다. 하나의 국가에서 '나의 것/너의 것'이 확정되었다고 하더라도 다른 나라와의 전쟁이 한 차례라도 일어나면 이것이 위협받을 가능성이 있기 때문입니다. '나의 것/너의 것'에서 시작된 논의는 '영원한 평화'라는 완성된 상태로 확대되었습니다.

> "우리 안에 있는 도덕적이고 실천적인 이성은 저항하기 힘든 거부권을 행사하여 전쟁이 일어나서는 안 된다고 선언한다."

칸트는 권리를 추구하는 수단으로 일어나는 모든 전쟁을 부정하고 영원한 평화를 추구해야 한다고 주장했습니다. 그러한 그의 사상이 표현된 단편 『영원한 평화를 위하여』를 살펴보겠습니다.

먼저 확인해야 할 것은 이 책의 제목인 '영원한 평화'입니다. 여기서 '영원한 평화'란 단순히 전쟁이 끝난 상태가 아니라 두 번 다시 전쟁을 일으킬 가능성이 없는 평화 상태를 말합니다.

다음으로 확인해야 할 것은 이 단편에서 칸트가 권리의 문제로 평화를 논했다는 사실입니다. 다시 말하자면 이 책에서 칸트가 전개하려 한 것은 평화를 사랑하는 박애 정신에 기반을 둔 논의라기보다는 오히려 악의 발현을 억제하고 자유를 보장할 권리론인 것입니다.

영원한 평화를 위한 여섯 가지 예비조항

영원한 평화를 원할 때 우리는 우리가 처한 상황을 똑바로 바라보아야 합니다. 그것은 칸트도 마찬가지였습니다. 그래서 그는 자신이 처한 문제 상황을 직시하고 그것을 타파하여 영원한 평화에 대한 전망을 밝힐 수 있는 여섯 가지 항목(예비조항)을 제시했습니다.

하나, 장래에 있을 수 있는 전쟁의 씨앗을 은밀하게 품은 채 체결한 평화조약은 절대 평화조약으로 간주할 수 없다.

전쟁이 끝난 뒤에 국가와 국가가 평화조약을 맺는 경우, 그것은 문자 그대로 '평화조약'이어야 합니다. 즉, 평화조약은 두 번 다시 전쟁하지 않을 것을 약속하는 것이어야 한다는 말이지요. 이제까지 하던 전쟁을 일단 끝내는 조약이라면 그것은 휴전조약과 마찬가지입니다. 일단 두 국가 간에 평화조약을 체결했다면 엄밀한 의미에서 더는 양국 간에 전쟁의 가능성은 없다고 이해해야 합니다.

둘, 독립하여 존속하는 어떠한 국가(영토의 크고 작음은 여기서 문제가 되지 않는다)도 상속, 교환, 매매, 또는 증여로 다른 국가의 소유가 될 수 없다.

국가는 자유로운 인간이 그 자유를 기본으로 하여 설립한 것이라고 할 수 있습니다. 따라서 타인의 자유를 침해해서는 안 되는 것처럼 다른 나라를 소유함으로써 그 자유를 침해해서는 안 됩니다. 여기서 칸트는 자신이 사는 동프로이센 주변 세계에서 일어나고 있는 일에 대한 염려를 표했습니다. 그것은 1772년, 1793년, 1795년 세 번에 걸쳐 일어난 '폴란드 분할'인데 프로이센은 이 세 번의 분할에 모두 참가했습니다.

셋, 상비군은 시간이 지나면 모두 없애야 한다.

상비군을 가지고 있는 국가는 상비군을 가졌다는 사실만으로도 타국에 위협을 줄 수 있습니다. 왜냐하면, 상비군을 가지는 것은 언제라도 전쟁을 시작할 수 있다는 것과 같기 때문입니다. 게다가 상비군에서 훈련을 받은 사람은 다른 사람을 죽이거나 자신이 죽임을 당할 상황에 부딪힐 수 있다는 것인데 그것을 칸트는 국가가 개인을 단순한 수단으로 삼는 일과 마찬가지라고 생각했습니다. 이것은 앞에서 소개한 정언명령에 위반되는 일입니다.

넷, 국가의 대외적인 분쟁은 해결할 목적으로 국채를 발행해서는 안 된다.

전쟁을 하기 위해서는 병력과 함께 전쟁자금도 필요합니다. 자금을 얻기 위해 국가 안팎에서 국채를 발행하는 것은 당시 매우 손쉬운 일이었습니다. 하지만 이 용이함은 영원한 평화에 지장을 주었습니다. 게다가 국채를 지나치게 발행한 나머지 국가가 파산한다면 그것은 국내외의 사람들을 괴롭게 하는 일일 것입니다.

다섯, 어떠한 국가도 다른 국가의 체제와 통치에 폭력으로 간섭해서는 안 된다.

자신과 다른 생각을 한다고 해서 폭력을 행사해서는 안 되는 것처럼 자국과 다른 형태를 띤 나라에 폭력으로 간섭해서는 안 된다는 것입니다. 타국의 악을 발견했다고 해서 폭력으로 제압하려 한다면, 그것은 오히려 자국의 악을 표면화시키는 결과를 불러올 것입니다. 단, 칸트는 그 나라가 내전으로 둘로 분열되어 서로 다른 국가라고 주장하는 경우는 별개라고 말합니다. 이 조항은 혁명 후의 프랑스에 대해 주변국이 했던 간섭을 염두에 둔 것인데 그와 동시에 20세기 이후 논의되기 시작한 '인도적 개입'에 대해 생각하게 하는 조항이기도 합니다.

여섯, 어떠한 국가도 타국과의 전쟁에서 장래에 평화로운 관계로 발전할 가능성을 없애고 상호 간의 신뢰관계를 불가능하게 만드는 적대 행위를 해서는 안 된다.

예를 들어 암살자와 독살자의 고용, 항복협정의 파기, 적국 내에서의 배신을 선동하는 일 등이 그것이다.

일단 전쟁이 시작되면 수단을 가리지 않고 적국의 지도자를 제거하려는 것은 오늘날에도 찾아볼 수 있는 일입니다. 하지만 전쟁을 위해 비겁한 수단을 사용한 국가를 전쟁이 끝난 뒤 자국과 타국 시민들이 신뢰할 수 있을까요? 신뢰 없이는 평화가 성립되지 않습니다. 인류는 근원적으로 악하며 언제든지 악을 드러낼 가능성이 있기 때문에 타인 또한 자신과 같이 악에 대해 저항하고 있다고 믿을 수 있어야만 우리는 평화를 구상할 수 있습니다.

영원한 평화를 위한 세 가지 확정조항

이와 같은 여섯 가지 예비조항에 이어 칸트는 영원한 평화를 위한 확정조항 세 가지도 제시했습니다. 이것은 평화 상태를 보장하기 위한 조항으로, 법적 체제가 모자란 자연상태를 의식하면서도 국내법, 국제법, 세계시민법에 대응하도록 제시한 것입니다.

하나, 각 국가에서의 시민 체제는 공화적이어야 한다.

법이 지배하는 국가에서 주권자는 시민입니다. 시민은 인간으로서 자유롭습니다. 또한, 시민은 더불어 살아가는 사람들과 함께 입법하고 그것에 따릅니다. 그리고 시민은 상호관계에서 평등하며 세습적인 신분인 귀족은 인정되지 않습니다. 이때 대의제에 기반을 둔 입법부와 입법된 법을 실행하는 행정부가 구별되지 않으면 안 된다는 것 즉, 공화제가 채택되지 않으면 안 된다는 것은 앞에서 확인했습니다.

공화제의 대척점에 있는 것이 전제주의입니다. 전제주의에서는 입법(입법권)과 행정(집행권)이 구별되지 않고, 통치자의 개인적인 의지를 바탕으로 입법이 이루어지며 국가가 운영됩니다. 이와 같은 전제국가가 전쟁을 시작하는 데 주저함이 없다는 사실을 우리는 인류의 역사를 통해 배웠습니다. 그러므로 20세기 후반의 유명한 정치철학자 존 롤스(John Rawls, 1921~2002)는 자신의 저서 『만민법*The Law of Peoples*』(1999년)에서 칸트의 제1 확정조항을 참고로 삼은 것입니다.

둘, 국제법은 자유로운 각 국가의 연합 위에 기초를 두어야 한다.
제2 확정조항은 국가와 국가 사이에 체결되는 조약 즉, 국제법에 관한 것입니다. 앞서 제1 예비조항에서 언급한 평화조약도 한 예입니다. 칸트는 그러한 평화조약을 기반으로 하는 평화연맹이 필요하다고 생각했습니다. 왜냐하면 많은 나라 가운데 한 나라가 다른 나라와 평화조약을 체결해서 양국 간의 전쟁 상황이 끝났다고 하더라도 그것만으로는 모든 전쟁을 끝낼 수 없기 때문입니다. 그래서 몇 개의 국가가 가맹국의 자유를 보장하는 평화연맹을 구성할 필요가 있습니다. 이러한 연맹은 후에 지구 범위로 확대될 것입니다. 이와 같은 칸트의 구상은 제1차 세계대전을 경험한 뒤 1920년에 발족한 국제연맹으로 구체화 되었습니다.

　혹시 세계에서 전쟁을 없애려면 국가가 없어지고 국경이 없어지면 된다고 생각한 적이 있나요? 개인의 자유를 보장하기 위해 국가가 형성된 것이라면 국가의 자유를 보장하기 위해 '세계 공화국'이 형성되어야 한다고 생각하는 것도 일리가 있습니다.

　하지만 세계에는 다양한 언어와 종교가 있으며 그것들이 복잡하게 얽혀 나라마다 고유한 특색을 가지고 있습니다. 그런 상황에서 세계 공화국이라는 이상을 향해 국제 정치를 움직이는 것과 같은 다양성을 무시하는 행위를 한다면 그것으로 인해 지구상에 새로운 분쟁이 생기지 않을까요?

셋, 세계시민법은 보편적인 우호를 촉구하는 모든 조건에 따라 제한받아야 한다. 제3 확정조항은 '세계시민'이라는 개념에 관한 것입니다. 세계시민이라는 인간관은 고대 그리스에서도 찾아볼 수 있으며 칸트 비판철학의 특색을 보여주는 것이기도 합니다.

인간은 일반적으로 어떤 나라의 국적을 가지고 있어서 한국인, 일본인, 중국인, 독일인 등으로 나눠서 부를 수 있습니다. 하지만 우리는 국적과 무관하게 한 사람의 인간이기도 합니다. 그러한 인간을 '자연인'이라고 하는데, 세계시민은 무엇보다 '자연인'을 뜻합니다. 즉, 모든 인간이 세계시민이라는 말입니다.

칸트는 자신이 세계시민이라는 사실을 모르고 세계시민으로 사는 일에 의미를 두지 않는 사람들을 위해 한 가지를 덧붙였습니다. 만약 여러분 스스로 자신의 국적을 결정할 수 있고, 국적과 함께 표현되는 문화의 울타리 안에서만 살 수 있다고 생각한다면, 그것은 여러분이 세계시민이 될 가능성을 깨닫지 못했다는 뜻입니다.

그렇다면 우리는 언제 자신이 세계시민이라는 사실을 깨달을 수 있을까요? 그것은 국적에서 일단 벗어나 자신을 세계의 일원으로 생각하면서 이 세계에 대한 관심을 갖는 경우일 것입니다. 어떤 이는 세계를 자연과학적인 연구대상으로 보고, 이론적 관심의 대상으로 삼기도 합니다. 실제로 우리는 우주의 시작이나 자연의 최소단위(원자) 등에 관심을 가질 때가 있지요. 그리고 때로는 도덕적인 판단이나 행위의 대상으로서 세계를 실천적

관심이 대상으로 볼 때도 있습니다. 예를 들어 뉴스 등을 통해 봤던, 세계의 어딘가에서 일어나고 있는 인권침해 등의 문제에 관심을 갖는 것은 모두 이성적인 행동입니다.

즉, 우리의 이성은 자연현상에 대해 그 원인을 묻고 추리를 하는 한편, 도덕적 선악의 보편적 원칙을 제시하기도 합니다. 그러므로 우리는 세계에 대해서도 무관심할 수 없습니다. 우리가 지금까지 생각해온 최고선 또한 인간이 이성을 가지고 있으므로 무관심할 수 없는 대상입니다. 이때 인간은 국적과는 무관하므로 최고선에 관심을 갖는 이가 세계시민이라고 할 수 있습니다.

이처럼 '세계시민'은 칸트 철학에서 적극적인 개념입니다. 하지만 제3 확정조항에서는 소극적으로 '제한을 받아야 한다'라고 표현하고 있습니다. 왜일까요?

그는 세계시민으로서의 권리를 보장하기 위한 세계시민법의 필요성을 주장합니다. 이때 권리의 내용은 국가 형성 이전에도 인정되는 유일한 생득적 인권으로서의 자유와 겹칩니다. 따라서 우리는 한 사람의 자유로운 인간으로서 지구 상의 어디라도 방문할 권리를 갖습니다.

하지만 칸트는 이 권리가 악용된다고 여겼습니다. 식민지 지배 같은 형식으로 말이지요. 문명화를 이룬 국가가 다른 영토나 민족을 찾아가 원주민을 지배하는 것에 대해 칸트는 부정행위라고 주장했습니다.

이상의 여섯 가지 예비조항과 세 가지 확정조항이 『영원한 평화를 위하여』의 중심이 되는 내용입니다. 여러분은 이것을 읽고 어떤 생각이 들었나요? 평화 연맹 구상에서 UN과의 유사성을 찾아낸 칸트의 선견지명에 감탄했나요? 특히 오늘날 일본의 경우 상비군 폐지를 헌법으로 규정하고 있는데 이는 칸트의 예비조항에서 언급한 내용이기도 하지요.

한편으로는 그의 주장에서 이상주의적인 시선을 발견하고 영원한 평화 같은 것은 결국 실현 불가능하다고 생각하며 칸트의 주장이 무력하다거나 무의미하다고 생각하는 사람도 있을지 모릅니다. 여기서 다시 한번 『도덕형이상학』을 인용해 보겠습니다.

"영구적인 평화가 불가능한 것이라고 하더라도 우리는 마치 가능한 것처럼 행동해야 한다. 영원한 평화를 확립하고 비극적인 전쟁을 멈추기 위해서 더 적절하다고 판단하는 체제(지상의 모든 국가에 의한 공화제)를 지향하며 노력해나가야 한다."

인간사회의 현실에 근거해서 보면 영원한 평화의 실현 따위는 불가능한 것처럼 보입니다. 하지만 우리가 이에 굴복하고 이상적인 국가와 세계를 그리는 것을 그만둬버리면 이 세계를 개선해 나갈 가능성을 잃어버리게 됩니다.

애초에 영원한 평화의 실현은 개인의 자유에 기초를 둔 '나의 것/너의 것'을 확정하는 것이었습니다. 그렇다면 우리가 '나의 것'과 '너의 것'을 명확하게 구별해서 내가 '너의 것'을 침해하지 않고, 당신도 '나의 것'을 침해하지 않도록 살아갈 때 비로소 영원한 평화로 나아갈 수 있지 않을까요? 이렇게 해서 영원한 평화 문제는 다시 우리 한 사람 한 사람의 행위의 문제로 되돌아옵니다.

4. 인간으로서 선하게 산다는 것은?

교활한 짓을 하고야 마는 우리

인류에게 깃든 악을 바라보면서 칸트는 정치적 최고선으로서의 세계평화까지 생각의 영역을 확장했습니다. 세계평화는 최고선을 위해 공헌할 수 있는 최대한의 것이지만, 칸트가 지향한 최고선은 아닙니다.

우리는 이 세계에서 '도덕적으로 선하게 삶으로써 행복해지는 것'을 원합니다. 이를 위해서는 인간에게 깃든 악과 맞서며 인간 행위에서 '선함'을 실현하기 위한 실마리가 필요합니다.

칸트는 이와 같은 인간 본성에 근거한 논의를『도덕 형이상학』제2부「덕론의 형이상학적 기초원리」에서 전개했습니다. 여기서 덕(德)이란 우리 안에 깃든 부도덕함에 대항할 용기이며 우리 안의 자유를 실현하려는 강인한 결의입니다. 따라서 제1부의 법론과는 대조적으로 덕론에서는 행위의 동기가 문제가 됩니다. 또한, 법론에서는 각 사람에 대한 외부로부터의 강제력이 인정되었지만, 덕론에서는 인정되지 않습니다. 덕의 강인함은 자기가 스스로를 강제하는 강인함이기 때문입니다.

그렇다면 우리 자신이 자기 안에 있는 부도덕함과 싸워 도덕적 선함을 실현하려면 어떻게 해야 할까요? 먼저 도덕적 선함이 무엇이었는지를 떠올려 봅시다. 그것은 자기 자신이나 자신의 행위를 예외로 삼는 것에 저항하고, 보편성을 가진 격률에 따라 행위할 때 그 행위의 의지에 귀속되는 가치였습니다.

그렇다면 우리가 싸워야 할 상대는 우리를 예외로 삼으려는 경향(습관적인 욕망)이며, 그러한 경향이 우리에게 안겨주는 구체적인 목적이 될 것입니다. 우리는 그때그때 구체적인 목적을 실현하기 위해 교활한 짓을 합니다. 예를 들어 커닝해서 쉽게 시험에 통과하려는 것처럼 말입니다.

인간세계에 종종 악을 찾을 수 있는 것만 보더라도 이러한 목적이 무시할 수 없는 힘을 가지고 있다는 사실은 분명합니다. 그렇다면 그러한 목적에 저항할 힘을 주는 것은 우리가 지향하는 '보편적인 목적'이라 할 수 있습니다.

우리가 지향해야 할 목적은?

여기서 형식의 철학자 칸트는 실질(내용) 쪽으로 걸음을 옮기기 시작합니다. 즉, 보편성을 형식에서뿐만 아니라 목적(인간이 현실에서 구하는)에서도 찾을 가능성을 탐구하기 시작한 것입니다. 만약 인간이라면 누구나 가지고 있는 목적 즉, 보편성을 가진 목적을 찾아낸다면 그것은 보편적이기에 지향해야 할 목적이며 그것을 지향하는 것이 의무인 목적이 됩니다.

이러한 목적을 그는 '동시에 의무인 목적'이라고 표현했습니다. 이것이야말로 도덕법칙의 요소를 실현할 방향으로 우리를 이끄는 강인한 목적입니다. 그런데 인간에게 보편적인 목적이 한 가지 있음을 우리는 칸트를 통해 이미 배웠습니다. 그것은 바로 행복입니다. 칸트는 행복을 도덕의 근거로 삼는 것을 엄격하게 피했지만, 인간이라면 누구나 행복을 바란다는 사실은 부정하지 않았습니다. 게다가 행복은 『실천이성비판』에서 최고선의 한 가지 요소로 포함되었으며 『판단력비판』에서는 최고선을 실현하기 위해 지향해야 하는 목적이었습니다.

하지만 이때 최고선 개념에 '도덕적으로 선하게 산다'는 것이 전체의 조건임을 잊어서는 안 됩니다. 그러기 위해서 우리는 무엇을 해야 할까요? 신체를 가진 우리는 노력을 통해 꽃피울 수 있는 다양한 가능성(소질)을 가짐과 동시에 동물적이고 때로는 거친 욕망에 사로잡히기도 합니다. 그러므로 우리는 인간이 가진 동물적이고 거친 본성에서 벗어나 인간적인 문명을 형성할 다양한 능력을 꽃피우고, 나아가서는 도덕적으로 선하게 살려는 의지를 발전시켜야 합니다.

정리해 보자면 우리는 인간이 가진 가능성을 꽃 피우고 완성으로 이끌어야 합니다. 칸트는 우리가 지향해야 하는 이런 목적을 '완전성'이라는 개념으로 표현했습니다.

그런데 행복은 차치하더라도 우리는 정말로 인간으로서의 완전성을 지향하고 있을까요? 만약 이것을 다양한 면에서 완벽한 인간이 되려고 한다는 의미로 생각한다면 그것을 목적으로 하는 사람이 많다고는 할 수 없을 것입니다. 누구나 레오나르도 다빈치처럼 천재로 살 수 있는 것은 아니기 때문이지요.

만약 외국어에 흥미를 느껴서 외국어 공부를 '좀 더' 열심히 하고자 할 때는 어떨까요? 이때의 '좀 더'는 완전성을 향해 있는 것은 아닐까요? 좀 더 빨리 달릴 수 있게 노력하자든지, 좀 더 친구의 이야기를 잘 들어주자고 생각하는 것도 마찬가지입니다. 인간이 완전성을 목적으로 한다는 것은 특별한 것이 아니라 오히려 일상적인 것입니다.

'자기 완전성'과 '타인의 행복'

이렇게 보면 '행복'과 '완전성'이 '동시에 의무인 목적'인 것처럼 생각됩니다. 하지만 칸트는 '자기 완전성'과 '타인의 행복'이야말로 동시에 의무인 목적이라고 말합니다. 왜일까요?

먼저 완전성에 대해서 생각해봅시다. 우리는 타인의 완전성을 목적으로 삼을 수 있을까요? 어떤 사람이 완전해진다는 것은 자신의 거친 본성으로부터 자유로워지며 도덕적으로 살 자유를 손에 넣는다는 뜻입니다. 이때 그런 자유를 목적으로 하는 일은 그 사람만이 할 수 있는 것 아닐까요?

교육을 통해 거친 행동이 교정되고 문명적인 사고방식과 생활양식을 습관화했다고 해도 그것을 목적으로 하지 않는다면 그는 단순한 꼭두각시일 뿐입니다. 도덕적으로 선하게 살 자유가 타인에 의해서 주어지는 일은 상상할 수도 없습니다. 따라서 우리가 실현해야 할 목적으로 생각할 수 있는 것은 다른 이의 완전성이 아닌 '자기 완전성'뿐입니다.

다음으로 행복에 대해 생각해봅시다. 우리는 자기 행복을 추구해야만 할까요? 이때 '해야만 한다'라는 말에 강제성이 포함되어 있다면 '자기 행복을 추구해야만 한다'는 표현은 어법에 맞지 않는 것이 됩니다. 인간은 누구나 본능적으로 행복을 원하는 것은 이미 반복해서 확인했기 때문입니다. 이렇게 생각해보면 '행복을 추구해야만 한다'는 표현은 '자신이 원하는 것을 원해야만 한다'고 말하는 셈이 되지요. 물이 자연스럽게 아래로 흐를 때, 물에게 '물, 너는 아래로 흘러가야만 해!'라고 말하는 사람이 있을까요? 결국, 우리가 실현해야 할 목적으로 생각할 수 있는 것은 '타인의 행복'밖에 남지 않습니다.

이처럼 칸트가 '자기 완전성'과 '타인의 행복'을 인간으로서 선하게 살기 위해 지향해야 할 목적으로 내걸었다는 사실은 매우 중요합니다. 최고선을 지향하는 우리는 신체를 가지고 이 지구상에서 서로 영향을 주고받으며 함께 살고 있음을 다시 한번 떠올려 보세요.

우리가 '함께 사는' 상황에서는 때때로 타인의 모자란 점을 발견하고 그것을 비난하면서 자신의 행복만을 추구하는 일도 벌어집니다. 이는 어떻게 살아야 하는지, 어떻게 사는 것이 선한 것인지 스스로 생각하지 않은 채 타인을 세상의 도덕에 따라 판단하기 때문에 일어나는 일입니다. 동시에 이는 타인에 대한 판단의 그늘에서 소중한 자신을 비대화하는 일이기도 하지요. 이것은 '자기 완전성'과 '타인의 행복'과 정반대인 '타인의 완전성', '자신의 행복'을 목적으로 삼은 삶이라고 할 수 있습니다. 칸트는 삶에 대한 생각에 이와 같은 발상의 전환을 이루었습니다.

자기 자신에 대한 의무

이번에는 '동시에 의무인 목적'으로서의 '자기의 완전성'과 '타인의 행복'을 살펴보겠습니다. 먼저 '자기 완전성'을 추구하는 것이 의무라고 할 때 그것을 의무로 만드는 것은 누구일까요? 여러분을 제외한 누군가일까요? 그렇지 않습니다. 만약 타인이 의무를 강제한다면 그것은 타율('자율'의 반의어)과 다름없으며 선하게 사는 일과 멀어지게 되는 것입니다.

그렇다면 우리는 자기 자신에 의해 의무를 갖는 존재라 할 수 있습니다. 칸트는 이를 '자기 자신에 대한 의무'라고 표현했죠. 그는 쾨니히스베르크 대학에서 윤리학 강의를 할 때마다 이와 같은 의무가 가장 중요하다고 강

조했다고 합니다. 자신이 가지고 있는 실천이성이야말로 어떻게 살아야 하는가 하는 문제에 기준을 제시해준다는 생각에 따르면 이는 당연한 일인지도 모릅니다.

그런데 '타인의 행복'을 추구하는 것이 의무라고 하면 '불필요한 친절'이라는 말이 떠오르기도 합니다. 당사자가 원하지도 않는데 "이게 다 너를 위한 거야"라며 강요하는 태도 말입니다. 칸트는 이러한 태도를 부정했습니다. 우리는 항상 타인이 무엇을 목적으로 하고 있는지 잘 이해하고 그것을 도덕법칙이 인정하는 범위 내에서 실현해야 합니다.

이것을 정언명령의 하나로 더욱 구체적으로 표현한 것이 다음의 문장입니다.

"모든 사람의 인격 안에 있는 인간성을 당신이 언제라도 동시에 목적으로서 사용해야 한다"

'타인의 인간성을 목적으로 사용한다'는 것은 타인이 인간으로서 갖는 목적을 자신의 목적으로 삼아 행동한다는 것입니다.

마지막으로 '자기 완전성'과 '타인의 행복'을 추구하는 인간사회를 그려봅시다. 이런 사회에서는 '자기 완전성'을 추구함으로써 도덕적으로 선하게 살 자유를 자기 자신의 것으로 삼을 수 있습니다. 물론 우리 안에 있는 악과의 싸움이 없어지는 것은 아니므로 자유를 그때그때 쟁취해야 합니다. 그렇게 할 때마다 우리는 선하게 사는 일을 실현하고 있는 것입니다.

이런 사회에서는 여러분의 행복을 목적으로 삼는 사람들에게 둘러싸여 살게 됩니다. 물론 그들 또한 자기 자신의 행복을 원하기 때문에 여러분이 행복을 추구할 때 그들의 행복과 부딪치지 않도록 자신과의 싸움을 해야 할 때도 있을 것입니다. 이렇게 많은 사람들이 노력하면 우리의 행복이 실현되지 않을까요? 이것이야말로 '도덕적으로 선하게 삶으로써 행복해지는 것'인 최고선을 실현하는 것이라고 할 수 있을 것입니다.

칸트는, 최고선은 가장 선한 것보다 더 선한 것이라고 했습니다. 때문에 그것을 실현하는 일은 영원한 평화를 실현하는 것처럼 어려운 일임이 분명합니다. 하지만 멀리 있는 영원한 평화를 바라보며 '나의 것'과 '너의 것'을 구별하는 것과 마찬가지로, 우리는 최고선을 바라보며 '자기 완전성'과 '타인의 행복'을 추구하며 살아가야 할 것입니다.

다시 한번 '스스로 생각하는 것'이란?

'철학적 물음'을 통해 생각한다

이 책은 '스스로 생각하는 용기'를 가지고자 하는 이들에게 칸트의 철학을 추천하고 있습니다. 단순히 칸트 철학에 대해 설명하는 것(그것이 가능하다면 그것대로 훌륭한 일입니다만)이 목적이 아니라 여러분과 함께 한 번 더 스스로 생각해보는 것이 더 큰 목적이지요.

그래서 저는 칸트의 사상을 설명하기 위해 다양한 상황과 예시를 들어 여러분이 직접 생각해보게끔 하는 데 힘썼습니다. 물론 칸트의 논리와 사상을 정확히, 그리고 쉽게 전달할 수 있도록 하는 데도 신경을 썼습니다. 그가 『순수이성비판』을 쓴 뒤 어떻게 그 사상을 전개했는지를 간접 체험함으로써 스스로 생각하는 용기가 얼마나 훌륭한 것인지를 이해해줬으면 하는 바람 때문이었습니다.

하지만 이 책을 읽고서 "이 책도 결국 '칸트 철학 입문서'구나", 또는 "스스로 생각하기보다 칸트를 따라 생각하게 하는 책이네" 하는 아쉬움을 품는 사람도 있을지 모릅니다. '입문서'를 읽음으로써 오히려 스스로 생각하지 못하게 되었다고 말입니다.

이렇게 생각하는 분들을 위해 한 마디 덧붙여 보겠습니다. 우리는 매일 생각을 합니다. 그리고 생각할 때는 '무언가'를 생각합니다. 이 '무언가'는 일상적인 어떠한 것에서든 찾아볼 수 있습니다. 기말고사, 친구와의 약속 같은 것들 말입니다. 이러한 일상적인 것들은 일정표나 목적지 같은 단서를 통해 쉽게 떠올릴 수 있습니다.

하지만 이 책에서 소개한 것은 철학적 질문입니다. 철학적 물음은 그것이 아무리 우리 생활에 가까운 것이라고 해도 그것을 생각하기 위한 단서를 쉽게 찾을 수 없습니다. 그러므로 철학의 고전이라 불리는 책들을 통해 살펴보는 것입니다. 그래서 고전들은 오랜 세월이 지나도 사랑받고 있지요. 자기 생각을 끝까지 관철함으로써 역사에서 도태되지 않고 견딘 철학 사상은 우리를 깊이 생각하도록 이끌어줍니다. 그러므로 구태여 말하자면 스스로 깊이 생각하기 위해서는 철학자의 사상을 단서로 할 필요가 있다는 것입니다.

칸트의 책을 찾아 읽고 싶다면

앞서 말한 것처럼 이 책은 칸트철학 입문서로 충분한 역할을 하지 못할지도 모릅니다. 그래서 저는 여러분이 이 책에 이어 칸트철학에 관한 책을 많이 읽어보라고 권유 드리고 싶습니다.

만약 칸트의 저서를 읽어 보고 싶은데 어떤 책부터 읽어야 할지 고민이라면 다음 두 권으로 시작해보면 좋을 듯합니다.

『프롤레고메나』

이 책은 칸트 인식론의 기본을 살펴보기에 가장 적당한 책이며 많은 번역서가 나와 있습니다.

『도덕 형이상학의 정초』

이 책은 칸트 윤리학의 가장 중요한 부분이 표현된 책입니다. 『도덕 형이상학 원론』이나 『인륜의 형이상학의 정초』라는 제목으로 된 책도 있습니다.

 이 책을 쓰기로 결정하고 완성하기까지 꽤 많은 시간이 걸렸습니다. 책을 쓰면서 독자들이 알기 쉽게 표현되었는지 염려되기도 했습니다. 그래서 각 장을 완성할 때마다 와세다대학 문학부 철학과에 재학 중인 나카무라 료에게 읽고 감상을 말해줄 것을 부탁했습니다. 다시 한번 감사드립니다. 그 역시 칸트 철학에 흥미는 있지만, 아직 잘 알지 못하는 입문자라였기 때문에 철학과에 갓 진학한 분께 도움을 구한 것입니다. 그런데 저의 집필이 늦어져 결과적으로 이 책이 완성되기 전에 나카무라 씨가 칸트 철학을 더 빨리 이해하게 되어버렸습니다. 이것은 기분 좋은 일이기도 합니다.
 또한 이 책을 집필할 기회를 주고 집필 과정에서도 끊임없이 격려해주신 이와나미주니어신쇼 편집부의 오카모토 준 씨께 진심으로 감사드립니다.

 각 장의 속표지 및 본문 중에 실린 사진은 모두 저자인 제가 1992년에 칼리닌그라드(쾨니히스베르크)를 여행했을 때 촬영한 것입니다. 이곳은 1989년 동서냉전체제가 종결될 때까지 외국인은 좀처럼 출입할 수 없는 지역이었습니다. 촬영을 하고 꽤 많은 시간이 흘렀지만, 이곳에 들어갈 수 있게 된지 얼마 안 되었을 때의 사진이기 때문에 나름의 가치가 있으리라 생각합니다.

2015년 2월

미코시바 요시유키

그렇다면, 칸트를 추천합니다

김경윤(자유청소년도서관 관장)

"뭘 잘하는지 모르겠어요."

"하고 싶은 게 없는데요."

"질문할 게 없습니다."

"어른들도 이렇게 살았나요?"

청소년과 만나서 이야기를 나누다 보면 가장 많이 듣는 말입니다. 청소년들은 인생의 그 어느 시기보다 많은 과목과 지식을 배웁니다. 게다가 학교수업이 끝나도 배움이 끝난 게 아닙니다. 학원에서 학원으로 옮겨 다니며 저녁 시간을 보내고 늦은 밤이 되어서야 집으로 돌아오는 고단한 일상을 살고 있습니다.

청소년들에게 배움은 더 이상 즐거움이 아니라 괴로움입니다. 배움에 흥미를 잃은 그들은 공부를 하는 것이 아니라 공부—코스프레를 하지요. 누군가는 학교생활이 벗어나고 싶은 지옥과도 같다고 얘기합니다. 이 지옥에서 벗어나고 싶지만, 선배들의 말에 따르면 학교 밖은 더 무서운 '헬조선'이라고 하니 겁이 나는 십대들은 마지못해 학교에 다닙니다. 시키는 대로 따라 하며 버티는 중입니다. '자유인'과 '민주시민'을 양성해야 할 학교는 '노예'와 '비굴한 가짜 어른'을 키우고 있습니다.

대신 청소년들은 인터넷과 스마트폰, SNS와 온갖 게임 속에서 즐거움을 찾습니다. 궁금한 것은 선생님에게 묻지 않고 포털 검색란에 묻지요. 그들이 SNS나 게임에 몰두하는 것은 그곳에 희망이 있기 때문이 아닙니다. 적어도 그곳에는 강요가 없기에 그곳으로 망명한 것입니다. 디지털 세계에서는 그들에게 무엇을 배우라고, 어떻게 살라고 강요하지 않으니까요. 그들도 SNS나 게임에 빠진 자신이 더 나은 존재가 되리라고 생각하지 않습니다. 그래도 스마트폰을 손에서 놓지 못하는 것은 어른들의 눈초리와 질타에서 벗어나고자 함입니다. 불안한 현실도피일 뿐이지요.

자유인과 노예

자유인과 노예의 구분은 한 끗 차이입니다. 자신이 원하는 것을 하면 자유인이고, 남이 시키는 것을 하면 노예입니다. 자유(自由)라는 한자어의 뜻은 '자기에서부터'입니다. 자신의 생각과 행동이 자기에서부터 시작하면 자유인이고, 남에게서부터 시작되면 노예입니다. 지시나 명령을 따르는 사람은 누구나 노예입니다.

자유인과 노예는 삶의 태도부터 다릅니다. 자유인은 자신이 원하는 일을 하기에 능동적입니다. 노예는 시키는 일을 하니 수동적입니다. 자유인은 자신이 한 일이 성공이든 실패든 그 결과를 긍정합니다. 삶의 밑거름으로 삼습니다. 노예는 어차피 시킨 일을 했기에 성공하면 안도하겠지만 실패하면 두려움에 사로잡힙니다. 일의 결과에 따라 운명이 정해지기 때문입니다. 자유인의 주인은 언제나 자신입니다. 노예의 주인은 항상 남입니다.

자유인이 된다는 것은, 민주시민이 된다는 것은 바로 자신이 삶의 주인공이 된다는 것입니다. 남의 권력에 좌우되는 사람이 아니라, 자신이 바로 권력이고 주인임을 항상 확인하는 사람입니다.

배움이나 생각도 마찬가지입니다. 자신을 주인공으로 만드는 배움, 주인된 자신이 펼치는 생각이 바로 자유인이 추구해야 할 배움과 생각입니다. 이렇게 자기 생각과 삶에 책임질 수 있을 때 우리는 비로소 당당한 자유인으로, 민주시민으로 이 땅에 살 수 있는 것입니다.

스스로 생각하는 힘

청소년 시기는 스스로 생각하는 힘을 키우는 소중한 시기입니다. 자신의 생각을 점검하고, 남의 생각과 비교하고, 더 나은 자신의 생각을 만들어가는 시기입니다. 남의 생각을 무비판적으로 받아들이는 것이 아니라, 자기 생각과 비교하여 비판적으로 받아들여야 하는 시기입니다. 그뿐만 아니라 자신의 생각 자체도 점검해야 합니다. 편견이나 독단에 사로잡혀서 남의 생각을 거부하고, 자신의 성장을 방해하는 것이 아니라, 더 나은 나를 만들기 위해 스스로 반성하고 더 나은 생각을 만들어가야 합니다.

자유인은 아무렇게나 살아가는 사람이 아닙니다. 자신의 삶에 책임을 지고 살아가는 사람입니다. 게다가 자유인은 자신만을 자유롭게 하는 사람이 아니라, 다른 사람들도 자유롭게 만듭니다. 이와 마찬가지로 스스로 생각한다는 것은 아무렇게나 생각한다는 것이 아닙니다. 자신의 생각이 인간에게 자유롭게 확산될 수 있도록 멋진 생각을 만들어가는 것입니다.

한 번 생각해 보세요. 자신이 자유롭게 생각한 멋진 아이디어가
모든 인간에게 퍼져나가 인간세계가 훨씬 근사하고 아름답게 변한
다고 말입니다. 진정 자유로운 생각은 자신뿐만 아니라 남들도 해방
시킵니다. 노예 상태에서 벗어나게 합니다. 그것이 바로 스스로 생
각하는 힘입니다.

그렇다면, 칸트를 추천합니다

이렇게 스스로 생각하는 힘으로 멋지고 아름다운 삶을 만들어간 자
유인이 있을까요? 물론입니다. 계몽주의 시대 철학자 칸트가 바로
그런 사람이었습니다.

칸트야말로 남들의 생각을 그대로 따라 하는 사람이 아니라, 스스
로 생각하는 용기를 내어 자신만의 자유로운 생각을 펼쳤던 사람입
니다. 칸트는 자신의 무지(無知)를 고백하고, 흄이나 루소 등에게서
새로운 사상을 흡수했을 뿐만 아니라, 대륙의 합리론과 영국의 경험
론을 종합하여 자신의 철학을 만들어냅니다. 이성의 능력과 한계를
점검하고, 독단과 회의를 넘어서 새로운 생각의 가능성을 펼쳤던 칸
트가 아니었다면, 근대철학의 튼튼한 주춧돌이 놓이지 않았을 것입
니다.

칸트의 이 멋진 생각들을 하나하나 배우는 것도 의미 있지만, 그보다 더 중요한 것은 칸트의 철학하는 태도를 배우는 겁니다. 남들을 맹목적으로 따라하는 노예의 태도에서 벗어나 스스로 생각하는 힘을 키워 참다운 자유인으로 살려 했던 칸트의 태도 말입니다.

청소년들이 학교나 학교 밖에서나 삶의 주인으로, 참다운 자유인으로 살아가기 힘든 세상입니다. 그러기에 더욱 자유가 소중하고, 스스로 생각하는 힘이 필요합니다. 그래서 앞으로 청소년들이 어떻게 살아가야 하냐고 누군가 물어오면 저는 이렇게 대답할 것입니다.

"그렇다면, 칸트를 추천합니다."

칸트 연보

1724	0세	4월 22일, 동프로이센의 쾨니히스베르크(현재 러시아령 칼리닌그라드)에서 태어남. 마구 장인이었던 아버지 요한 게오르그와 어머니 안나 레기나 사이에서 태어난 아홉 형제 중 넷째.
1732	8세	프리드리히 학원에 입학해 라틴어를 배움.
1737	13세	어머니가 병으로 사망.
1740	16세	쾨니히스베르크 대학 철학과에 입학. 프리드리히 대왕 즉위.
1746	22세	아버지가 병으로 사망. 졸업논문으로 「활력의 참된 측정에 관한 고찰」을 제출. 이 논문은 큰아버지의 원조로 1749년에 간행됨.
1752	28세	가정교사로 카이저링 백작가에서 일함. 백작 부인 샤를로테는 후에 칸트의 초상화를 그림.
1754	30세	논문 「지축의 회전에 의해 지구가 겪는 변화」, 「지구는 노쇠하는가」 발표.
1755	31세	저서 『천계의 일반자연사와 이론』, 교수 자격 논문 「형이상학적 인식의 제1원리의 새로운 해명」을 간행하고 쾨니히스베르크 대학의 사강사로 강의 시작. 11월 1일 리스본에서 대지진 발생.
1756	32세	세 가지 지진론을 발표함. 7년 전쟁이 시작됨.
1758	34세	러시아에 의한 쾨니히스베르크 점령. 1762년까지 계속됨.
1762	38세	루소의 『에밀』이 간행됨. 칸트도 이 책을 탐독함.
1763	39세	『신의 현존재 논증의 유일하게 가능한 증명근거』 간행.
1764	40세	『아름다움과 숭고함의 감정에 관한 고찰』, 『자연신학과 도덕의 원칙의 판명성』 간행. 지난 저작과 이 두 권의 책으로 칸트의 이름이 독일에 널리 알려짐.
1766	42세	『시령자의 꿈』 간행.

1769	45세	에어랑겐 대학의 교수로 초빙되지만, 최종적으로 사퇴. 상세한 것은 알려지지 않았지만, 이 해가 칸트에게 전기가 된 해였던 듯함. 그는 "1769년이 나에게 커다란 빛을 비췄다"고 기록함.
1770	46세	쾨니히스베르크 대학 정교수로 취임. 교수 취임 논문 「감성계와 예지계의 형식과 원리」 간행. 그 후 짧은 세 편의 논문을 발표한 것이 전부인 '침묵의 10년'을 보냄.
1781	57세	『순수이성비판』(제1판)이 간행됨.
1783	59세	『순수이성비판』에 대해 전년도에 발표된 서평의 오해를 풀고자 『프롤레고메나』를 간행.
1784	60세	《베를린월보》에 논문 「계몽이란 무엇인가」를 발표.
1785	61세	『도덕 형이상학의 정초』 간행. 칸트 윤리학의 골자를 처음으로 본격적으로 제시함.
1786	62세	『자연과학의 형이상학적 원리』 간행. 쾨니히스베르크 총장으로 취임. 프리드리히 대왕이 사망하고 프리드리히 빌헬름 2세가 즉위함.
1787	63세	개정 작업을 거쳐 『순수이성비판』 제2판 간행.
1788	64세	『실천이성비판』 간행. 사실 전년도 말에 이미 출간되었음. 두 번째 쾨니히스베르크 대학 총장. 프리드리히 빌헬름 2세에 의한 사상 통제가 시작됨.
1789	65세	프랑스혁명이 일어남.
1790	66세	『판단력비판』을 간행하고, 서문 후반부에서 '비판' 작업의 종료를 선언함.
1793	69세	『이성의 한계 안에서의 종교』 간행.
1794	70세	프리드리히 빌헬름 2세가 종교와 신학에 관한 강의와 저술을 금지함. 이에 따라 칸트에 대한 사상 탄압이 구체화됨.
1795	71세	『영원한 평화를 위하여』 간행.

1797	73세	『도덕 형이상학』 간행. 논문 「인간애로부터 거짓을 말할 수 있다는 잘못 생각된 권리에 대하여」 발표. 프리드리히 빌헬름 2세 사망.
1798	74세	『실용적 견지에서 본 인간학』과 『학부들의 투쟁』 간행.
1801	77세	쾨니히스베르크 대학 평위원으로 취임.
1803	79세	10월 8일에 쓰러짐.
1804	80세	2월 12일 "이것으로 족하다"라는 마지막 말을 남기고 서거. 평생 독신이었지만 좋은 친구들과 함께한 인생이었다고 평가됨.